초등 국어 어휘력이 독해력이다

4단계 B

특징

독해 전, 어휘 먼저 학습!

〈초등 국어 어휘력이 독해력이다 4단계 B〉는 '어휘→ 짧은 글 → 긴 글'로 이어지는 3단계 학습법으로 독해의 기본기를 다질 수 있도록 구성하였습니다.

1 단 계	〈독해 준비〉 **어휘**로 만나기	→	2 단 계	〈독해 맛보기〉 **짧은 글**로 만나기	→	3 단 계	〈독해〉 **긴 글**로 만나기
	〈독해〉지문 속 어휘 익히기			〈독해〉지문 일부 맛보기			〈독해〉하기

교과 연계!
교과 주제 + 교과 어휘

〈초등 국어 어휘력이 독해력이다 4단계 B〉는 초등 3~4학년군 교과목에 따라 단원을 구성하였습니다. 독해 지문은 교과서와 밀접하게 연계된 주제로 구성하였고, 학습 어휘 또한 교과서에서 자주 사용되는 어휘를 활용하였습니다.

교과 융합!
교과 융합 지문 + 문제

〈초등 국어 어휘력이 독해력이다 4단계 B〉는 각 단원마다 하나씩 교과 융합 주제를 수록하였습니다. 두 개의 교과를 융합한 독해 지문과 문제를 통해 사고력 및 깊이 있는 독해력을 키울 수 있습니다.

교과목에 따른 단원 구성	국어	사회와 도덕	과학과 수학	예체능
단원별 교과 융합 주제	국어+도덕	사회+국어	과학+국어	체육+미술

교과 융합 〈차례〉에 교과 융합 주제가 표시되어 있어요.

구성

→ 교과 융합 주제가 표시되어 있어요.

3단계 학습	1	**어휘로 만나기** 이미지로 어휘 배우기	독해 지문 속 4개의 어휘를 학습합니다. 이미지를 보고 선 잇기로 문장을 만들며, 어휘의 의미를 유추해 볼 수 있습니다. 확장된 문장에서 빈칸 채우기를 하며 어휘를 확실히 익힙니다.	
	2	**짧은 글로 만나기** 짧은 글로 독해 맛보기	학습 어휘가 포함된 짧은 글을 읽습니다. 3~5줄의 짧은 글을 읽고, 글을 이해했는지 확인하는 문제를 풉니다.	
	3	**긴 글로 만나기** 긴 글로 진짜 독해하기	짧은 글이 포함된 긴 글을 읽습니다. 글의 세부 내용 확인하기, 글의 흐름 이해하기 등 독해력을 기를 수 있는 문제를 풉니다. 2단계에서 독해 연습을 했기 때문에 더 쉽게 독해를 할 수 있습니다. 글을 읽고 답을 찾아서 문장을 구성하는 문제를 통해, 문장으로 답하는 능력을 키워 줍니다.	
복습		**확인 학습** 학습 어휘 쓰기	글의 내용을 요약·정리하고, 앞서 배운 학습 어휘를 직접 써 보며 어휘를 다시 한번 확인합니다.	
쉬어가기		**쉬어가기** 배경지식 넓히기	해당 단원에서 다룬 주제와 관련된 글이나 그림, 사진 등을 통해 배경지식을 넓힐 수 있습니다.	

차례

국어

사회와 도덕

과학과 수학

예체능

공부 계획표

국어	01일차 ◯	02일차 ◯	03일차 ◯	04일차 ◯	05일차 ◯
	___월 ___일	___월 ___일	___월 ___일	___월 ___일	___월 ___일

사회와 도덕	06일차 ◯	07일차 ◯	08일차 ◯	09일차 ◯	10일차 ◯
	___월 ___일	___월 ___일	___월 ___일	___월 ___일	___월 ___일

과학과 수학	11일차 ◯	12일차 ◯	13일차 ◯	14일차 ◯	15일차 ◯
	___월 ___일	___월 ___일	___월 ___일	___월 ___일	___월 ___일

예체능	16일차 ◯	17일차 ◯	18일차 ◯	19일차 ◯	20일차 ◯
	___월 ___일	___월 ___일	___월 ___일	___월 ___일	___월 ___일

국어

고양이 목에 방울 달기

교과 융합 전학생 소피아

헬렌 켈러를 읽고

붕어빵

01 | 고양이 목에 방울 달기

동화

정답과 해설 128쪽

어휘로
만나기

1 바른 문장이 되도록 선으로 연결하세요.

쥐들이	의견을	발표하는 도중에	토의 내용을
•	•	•	•

•	•	•	•
토의하다.	**경청하다.**	**기록하다.**	**끼어들다.**

경청은 다른 사람이 말하는 것을 귀를 기울여 듣는 것을 말해요.

2 [보기]처럼 바른 문장이 되도록 알맞은 말을 골라 빈칸에 쓰세요.

끼어들어요 ㅣ 토의해요

[보기] 쥐들이 고양이를 피하는 방법에 대해 토의해요 .

경청해요 ㅣ 우쭐해요

늙은 쥐가 부엌 쥐의 의견을 ⬚ .

묵직해요 ㅣ 끼어들어요

부엌 쥐가 발표하는 도중에 다락방 쥐가 ⬚ .

도망가요 ㅣ 기록해요

늙은 쥐가 토의 내용을 ⬚ .

짧은 글로
만나기

쥐들이 모여서 고양이를 피하는 방법에 대해 **토의하고** 있었습니다.

부엌 쥐가 손을 들고 자신의 의견을 발표했습니다.

"고양이 목에 방울을 달면 어떨까요? 방울 소리가 날 때, 도망가면 되니

까요."

늙은 쥐는 고개를 끄덕이며 부엌 쥐의 의견을 **경청했습니다**.

3 쥐들은 누구를 피하는 방법에 대해 토의하고 있었
나요? ○ 하세요.

고양이

코끼리   호랑이

4 늙은 쥐는 무엇을 경청했나요? 답을 쓰세요.

→ 부엌 쥐의 의 견

부엌 쥐가 발표하는 도중에 다락방 쥐가 **끼어들어서** 말했습니다.

"고양이가 떠날 때까지 숨어 있으면 안 돼요?"

토의 내용을 **기록하던** 늙은 쥐는 부엌 쥐의 의견이 가장 좋다고 생각했습니다. 그래서 늙은 쥐는 부엌 쥐의 의견에 찬성하며, 누가 고양이 목에 방울을 달 것인지 정하자고 했습니다.

5 부엌 쥐가 발표하는 도중에 끼어들어서 말한 것은 누구인가요? ○ 하세요.

늙은 쥐

창고 쥐   다락방 쥐

6 늙은 쥐는 무엇을 기록하고 있었나요? 답을 쓰세요.

실험 결과 | 토의 내용

→

동화

고양이 목에 방울 달기

보름달이 밝은 밤, 쥐들이 마당에 모여서 자신들을 괴롭히는 고양이를 피하는 방법에 대해 토의하고 있었습니다. 갑자기 창고 쥐가 소란스럽게 외쳤습니다.

"난 고양이가 너무 무서워서 여기에서 못 살겠어. 다른 집으로 이사 갈 거야."

창고 쥐의 말이 끝나자, 부엌 쥐가 손을 들고 자신의 의견을 발표했습니다.

"고양이 목에 방울을 달면 어떨까요? 방울 소리가 날 때, 도망가면 되니까요."

늙은 쥐는 고개를 끄덕이며 부엌 쥐의 의견을 경청했습니다. 그런데 부엌 쥐가 발표하는 도중에 다락방 쥐가 끼어들어서 말을 하기 시작했습니다.

"이제 도망 다니기도 귀찮아요. 고양이가 떠날 때까지 숨어 있으면 안 돼요?"

토의 내용을 기록하던 늙은 쥐는 부엌 쥐의 의견이 가장 좋다고 생각했습니다. 이사를 가다 고양이를 만날 수도 있고, 숨어 있기만 하면 먹이를 구할 수 없기 때문입니다. 그래서 늙은 쥐는 부엌 쥐의 의견에 찬성하며, 누가 고양이 목에 방울을 달 것인지 정하자고 했습니다. 그러나 쥐들은 아무도 나서지 않았습니다. 목숨이 걸린 위험한 일이기 때문이었습니다. 그 모습을 본 늙은 쥐가 한숨을 쉬며 말했습니다.

"실천도 못 할 일에 대해 토의하느라 시간만 낭비했구나."

7 창고 쥐는 어떤 방법으로 고양이를 피하려고 했나요? ○ 하세요.

다른 집으로 이사 가기

숨어서 지내기

고양이 목에 방울 달기

8 늙은 쥐가 토의할 때 지켜야 할 예절에 대해 설명하고 있어요. 예절을 바르게 지킨 쥐는 누구인가요? ○ 하세요.

늙은 쥐 : 토의할 때 발표하고 싶다면 손을 들고 차례를 기다려야 하고, 높임말을 사용해야 해. 그리고 누군가 발표할 때는 끼어들면 안 돼.

창고 쥐

부엌 쥐

다락방 쥐

9 부엌 쥐는 어떤 의견을 발표했나요? 빈칸에 알맞은 말을 글에서 찾아 쓰세요.

고양이 ☐ 에 ☐ 을 달고, 소리가 나면 도망가자고 했습니다.

10 늙은 쥐는 왜 한숨을 쉬었나요? 빈칸에 알맞은 말을 글에서 찾아 쓰세요.

실천 도 못 할 일에 대해 토의하느라 시간만 ☐ 했기 때문입니다.

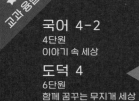

국어 4-2
4단원
이야기 속 세상

도덕 4
6단원
함께 꿈꾸는 무지개 세상

02 | 전학생 소피아

동화

공부한 날

⬤ 월   ⬜ 일

정답과 해설 130쪽

어휘로
만나기

1 바른 문장이 되도록 선으로 연결하세요.

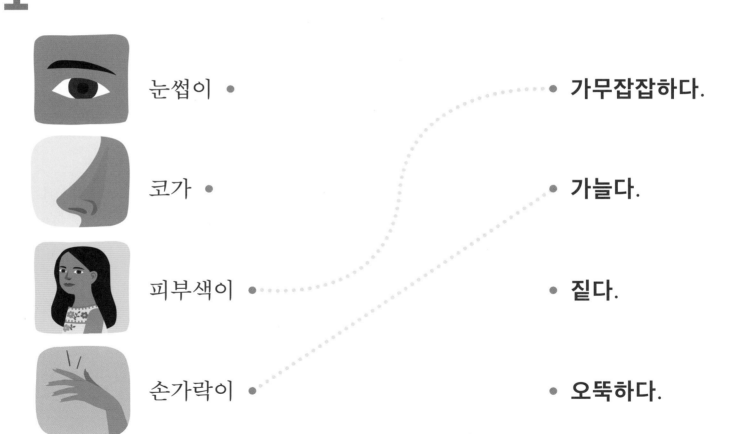

눈썹이 •

코가 •

피부색이 •

손가락이 •

• **가무잡잡하다.**

• **가늘다.**

• **짙다.**

• **오뚝하다.**

2 [보기]처럼 바른 문장이 되도록 알맞은 말을 골라 빈칸에 쓰세요.

허름해요 | 짙어요

[보기] 소피아의 눈썹이 　짙어요　 .

오뚝해요 | 짙어요

소피아의 코가 　　　　 .

가무잡잡해요 | 오뚝해요

소피아의 피부색이 　　　　 .

묵직해요 | 가늘어요

소피아의 손가락이 　　　　 .

이민은 자기 나라를 떠나서 다른 나라로 가서 사는 것을 말해요.

짧은 글로
만나기

주원이네 반에 새로운 친구가 왔어요. 멕시코에서 한국으로 이민을 온 소피아예요. 소피아는 눈썹이 **짙고**, 코가 **오뚝했어요**. 소피아는 외국인이라는 점 때문에 전학을 오자마자 유명해졌어요.

3 소피아의 생김새는 어떠했나요? 모두 ○ 하세요.
(2개)

오뚝한 코

짙은 눈썹   흰 피부

4 소피아는 왜 전학을 오자마자 유명해졌나요? 답을 쓰세요.

→ [   ] 이라서

하지만 주원이는 피부색이 다른 소피아가 싫었어요.

'피부색이 **가무잡잡한** 것을 보니, 안 씻은 것 같아.'

며칠 후, 주원이가 음악 시간에 한숨을 쉬고 있었어요. 리코더를 불 때면 손가락이 마음대로 움직이지 않아서 삑삑거리는 소리만 났거든요. 그때, 소피아가 **가는** 손가락을 움직이며 리코더를 멋지게 연주했어요.

5 주원이는 소피아의 피부색이 가무잡잡한 것을 보고 어떻게 생각했나요? ○ 하세요.

안 씻은 것 같다.

햇볕에 탄 것 같다.

6 소피아는 가는 손가락을 움직이며 무엇을 연주했나요? 답을 쓰세요.

플루트 | 리코더

→

동화

긴 **글**로
만나기

전학생 소피아

주원이네 반에 새로운 친구가 왔어요. 멕시코에서 한국으로 이민을 온 소피아예요. 소피아는 눈썹이 짙고, 코가 오뚝했어요. 소피아는 외국인이라는 점 때문에 전학을 오자마자 유명해졌어요. 하지만 주원이는 피부색이 다른 소피아가 싫었어요.

'피부색이 가무잡잡한 것을 보니, 안 씻은 것 같아. 소피아랑은 말도 하지 말고, 친하게 지내지 말아야지.'

며칠 후, 주원이가 음악 시간에 한숨을 쉬고 있었어요. 리코더를 불 때면 손가락이 마음대로 움직이지 않아서 삑삑거리는 소리만 났거든요. 그때, 옆에 있던 소피아가 가는 손가락을 움직이며 리코더를 멋지게 연주했어요. 부럽다는 듯이 쳐다보는 주원이에게 소피아가 먼저 말을 걸었어요.

"주원아, 리코더 잘 부는 법 알려 줄까? 손가락에 힘을 조금 더 빼 볼래?"

리코더 부는 법을 배우면서 주원이는 소피아와 조금씩 친해졌어요. 소피아가 친절하고 재미있는 친구라는 것도 알게 되었지요. 주원이는 피부색 때문에 소피아에게 편견을 가졌던 것이 미안했어요. 그리고 환하게 웃는 소피아를 보니, 가무잡잡한 피부에서 빛이 나는 것 같았어요. 어쩌면 소피아와 좋은 친구가 될 것 같았지요.

편견은 공정하지 못하고 한쪽으로 치우친 생각을 말해요.

7 소피아는 어디에서 한국으로 이민을 왔나요? ○ 하세요.

프랑스

베트남

멕시코

8 친구들이 이 글을 읽고, 등장인물의 성격에 대해 나눈 대화예요. 바르게 이야기한 사람의 말에 ○ 하세요.

주원이에게 리코더 부는 법을 가르쳐 준 것을 보면 소피아는 친절한 성격인 것 같아.

우현

소피아와 말도 하지 않겠다고 생각한 것을 보면 주원이는 부끄러움을 많이 타는 성격인 것 같아.

윤아

9

교과 융합

주원이가 소피아에게 편지를 썼어요. 빈칸에 알맞은 말을 글에서 찾아 쓰세요.

소피아, 안녕? 나 주원이야. 처음에는 너의 가무잡잡한 ⬚⬚⬚ 을

보고, 씻지 않은 것 같다며 잘못된 ⬚⬚ 을 가지고 있었어. 정말 미안해.

나와 ⬚⬚ 가 되어 줄래?

03 | 헬렌 켈러를 읽고

독서 감상문

공부한 날

월 　 일

정답과 해설 132쪽

어휘로
만나기

1 바른 문장이 되도록 선으로 연결하세요.

시력 　 은 •

청력 　 은 •

점자 　 는 •

수어 　 는 •

• 소리를 듣는 능력이에요.

• 물체를 보는 능력이에요.

• 손짓, 몸짓으로 의미를
전달하는 언어예요.

• 손가락으로 더듬어
읽는 문자예요.

'고맙다'는 뜻이에요.

2 [보기]처럼 바른 문장이 되도록 알맞은 말을 골라 빈칸에 쓰세요.

시력 | 청력

[보기]   시력   은 눈으로 물체를 보는 능력이에요.

시력 | 청력

_____ 은 귀로 소리를 듣는 능력이에요.

수어 | 점자

_____ 는 손가락으로 더듬어 읽도록 만든 문자예요.

수어 | 점자

_____ 는 손짓이나 몸짓으로 의미를 전달하는 언어예요.

짧은 글로
만나기

[유찬이의 독서 감상문]

열병은 열이 심하게 오르는 병을 말해요.

헬렌 켈러는 태어난 지 열아홉 달이 되었을 무렵, 심한 열병을 앓았다. 며칠 앓은 후에 열이 내렸지만, 물체를 볼 수 있는 **시력**과 소리를 들을 수 있는 **청력**을 모두 잃고 말았다. 보지도, 듣지도 못하게 된 것이다. 이런 헬렌 켈러를 위해 부모님이 설리번 선생님을 집으로 모셔 왔다.

3 열병을 앓은 후, 헬렌 켈러는 무엇을 잃었나요? 모두 ○ 하세요.(2개)

시력

청력 노력

4 부모님이 헬렌 켈러를 위해 집으로 모셔 온 것은 누구인가요? 답을 쓰세요.

→ ☐ ☐ ☐ 선생님

[유찬이의 독서 감상문]

  설리번 선생님은 헬렌 켈러에게 볼록한 점 형태의 문자인 **점자**를 손가락으로 더듬어서 읽는 법을 알려 주었다. 그리고 손짓이나 몸짓으로 의미를 전달하는 언어인 **수어**도 알려 주었다.

수어는 '수화 언어'를 말해요.

5 설리번 선생님은 헬렌 켈러에게 무엇을 읽는 법을 알려 주었나요? ○ 하세요.

지도

점자   신문

6 수어는 무엇으로 의미를 전달하는 언어인가요? 답을 쓰세요.

목소리와 말투 | 손짓이나 몸짓

→

긴 글로
만나기

독서 감상문

헬렌 켈러를 읽고

학년/반/이름	4학년 2반 정유찬	책 제목	헬렌 켈러

오늘, 장애를 이겨 낸 사람들에 대해 배웠다. 그중에서도 자신처럼 장애가 있는 사람을 도우면서 살았던 헬렌 켈러의 이야기가 가장 흥미로워서 『헬렌 켈러』를 읽었다.

헬렌 켈러는 태어난 지 열아홉 달이 되었을 무렵, 심한 열병을 앓았다. 며칠 앓은 후에 열이 내렸지만, 물체를 볼 수 있는 시력과 소리를 들을 수 있는 청력을 모두 잃고 말았다. 보지도, 듣지도 못하게 된 것이다. 헬렌 켈러는 여덟 살이 될 때까지 사람들과 의사소통을 할 수 없었다. 이런 헬렌 켈러를 위해 부모님이 앤 설리번 선생님을 집으로 모셔 왔다. 설리번 선생님은 헬렌 켈러에게 볼록한 점 형태의 문자인 점자를 손가락으로 더듬어서 읽는 법을 알려 주었다. 그리고 손짓이나 몸짓으로 의미를 전달하는 언어인 수어도 알려 주었다. 포기하지 않고 노력한 결과, 헬렌 켈러는 점자로 된 책을 읽을 수 있게 되었고, 수어로 의사소통도 할 수 있게 되었다. 이후에는 장애인 최초로 대학 교육을 받았으며, 자신처럼 장애를 갖고 있는 사람들을 도우며 살았다.

의사소통은 생각이나 말이 서로 통하는 것을 말해요.

헬렌 켈러가 "장애는 불편하다. 하지만 불행하지는 않다."고 말한 것이 기억에 남았다. 헬렌 켈러가 노력으로 장애를 극복한 것처럼, 나도 노력으로 어려움을 극복해야겠다.

7 헬렌은 태어난 지 열아홉 달이 되었을 무렵, 무엇을 앓았나요? ○ 하세요.

눈병

열병

비만

8 헬렌 켈러에게 일이 일어난 순서대로 번호를 쓰세요.

시력과 청력을 잃어서 보지도, 듣지도 못하게 되었다.	1
장애를 가진 사람들을 도우며 살았다.	
설리번 선생님에게 점자 읽는 법과 수어를 배웠다.	

9 점자는 무엇이며, 어떻게 읽나요? 빈칸에 알맞은 말을 글에서 찾아 쓰세요.

점자는 볼록한 [　　] 형태의 문자로, [　　　　　]으로 더듬어서 읽습니다.

10 유찬이가 『헬렌 켈러』를 읽고 느낀 점을 말해요. 빈칸에 알맞은 말을 글에서 찾아 쓰세요.

"노력으로 [　　]를 [　　]한 헬렌 켈러를 본받아야겠어."

04 | 붕어빵
동시

정답과 해설 134쪽

어휘로
만나기

1 바른 문장이 되도록 선으로 연결하세요.

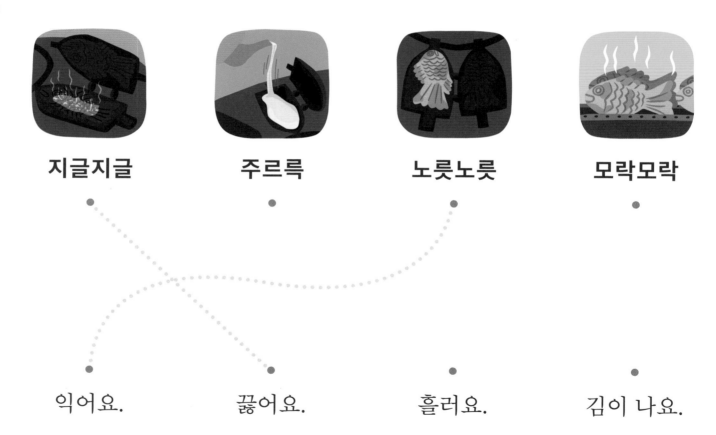

지글지글　　주르륵　　노릇노릇　　모락모락

익어요.　　끓어요.　　흘러요.　　김이 나요.

2 [보기]처럼 바른 문장이 되도록 알맞은 말을 골라 빈칸에 쓰세요.

속살속살 | 지글지글

[보기] 기름이 [지글지글] 끓어요.

주르륵 | 지글지글

밀가루 반죽이 [   ] 흘러요.

노릇노릇 | 왁자지껄

붕어빵이 [   ] 익어요.

주르륵 | 모락모락

붕어빵에서 김이 [   ] 나요.

짧은 글로
만나기

붕어빵 장수 아저씨가 붕어빵을 한 마리씩 풀어놓지요.

붕어 모양 철판 앞면에 쓱쓱, 뒷면에 쓱쓱 골고루 기름 바르고

기름이 **지글지글** 끓으면

주르륵 흐르는 밀가루 반죽을 철판에 붓고

달콤한 팥을 붕어 배 속에 척척 넣어요.

3 무엇이 지글지글 끓었나요? ○ 하세요.

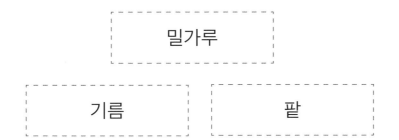

밀가루

기름   팥

4 붕어빵 장수 아저씨는 주르륵 흐르는 밀가루 반죽을 어디에 부었나요? 답을 쓰세요.

→

철판을 앞뒤로 착착 뒤집으면

노릇노릇 익은 붕어빵 한 마리 완성.

모락모락 김이 나는 붕어빵.

뿌연 연기 속을 헤엄치는 붕어빵 한 마리, 나도 잡아가지요.

5 철판을 앞뒤로 뒤집었더니 붕어빵이 어떻게 되었나요? ○ 하세요.

노릇노릇 익었어요.

주르륵 흘렀어요.

6 모락모락 김이 나는 붕어빵이 어디를 헤엄쳤나요? 답을 쓰세요.

새파란 바닷속 | 뿌연 연기 속

→

동시

붕어빵

겨울바람이 골목을 한 바퀴 돌면

붕어빵 장수 아저씨가 붕어빵을 한 마리씩 풀어놓지요

붕어 모양 철판 앞면에 쓱쓱, 뒷면에 쓱쓱 골고루 기름 바르고

기름이 지글지글 끓으면

주르륵 흐르는 밀가루 반죽을 철판에 붓고

달콤한 팥을 붕어 배 속에 척척 넣고는

철판을 앞뒤로 착착 뒤집으면

노릇노릇 익은 붕어빵 한 마리 완성

모락모락 김이 나는 붕어빵

뿌연 연기 속을 헤엄치는 붕어빵 한 마리, 나도 잡아가지요

머리부터 먹을까 꼬리부터 먹을까

어떻게 먹어도 맛있는 붕어빵

7 이 동시의 계절적 배경은 언제인가요? ○하세요.

봄

여름

겨울

8 친구들이 이 동시를 읽고 나눈 대화예요. 바르게 이야기한 사람의 말에 ○하세요.

'노릇노릇', '모락모락'처럼 흉내 내는 말을 써서 붕어빵이 눈앞에 있는 것처럼 생생하게 느껴졌어.

지연

선우

이 시를 읽었더니, 어항 속에서 헤엄치며 사이좋게 놀고 있는 금붕어들이 떠올랐어.

9 붕어빵 장수 아저씨는 밀가루 반죽을 철판에 부은 다음, 무엇을 했나요? 빈칸에 알맞은 말을 글에서 찾아 쓰세요.

붕어 배 속에 ☐☐☐ ☐을 넣었습니다.

10 한 어린이가 이 동시를 읽고 느낀 것을 말해요. 빈칸에 알맞은 말을 글에서 찾아 쓰세요.

"추운 겨울날, ☐☐☐을 사 먹었던 것이 떠올랐어."

★ **고양이 목에 방울 달기** 장면을 설명해요. ● 빈칸에 알맞은 말을 [보기]에서 골라 쓰세요.

[보기]   **기록해요**   **경청해요**   **토의해요**   **끼어들어요**

쥐들이 모여서

고양이를 피하는

방법에 대해

토의해요 .

늙은 쥐가

부엌 쥐의 의견을

.

부엌 쥐가

발표하는 도중에

다락방 쥐가

.

늙은 쥐가

토의 내용을

.

● 빈칸에 알맞은 말을 [보기]에서 골라 쓰세요.

| [보기] | 가늘어요 | 오뚝해요 | 가무잡잡해요 | 짙어요 |

내 친구, 소피아를 소개해요.

소피아는 눈썹이 [짙어요] .

소피아는 코가 [   ] .

소피아는 피부색이 [가무잡잡해요] .

소피아는 손가락이 [   ] .

★ 헬렌 켈러를 읽고 인물에 대해 알아요.   ● 빈칸에 알맞은 말을 [보기]에서 골라 쓰세요.

[보기]	점자	청력	수어	시력

헬렌 켈러는 열병을 앓은 뒤, 볼 수 있는 능력인 [   ]을 잃었어요.

소리를 듣는 능력인 [   ]도 잃었지요.

설리번 선생님은 헬렌에게 볼록한 점 형태의 문자인 [   ]를 읽는 법을 알려 주었어요.

손짓, 몸짓으로 의미를 전달하는 언어인 [   ]도 알려 주었지요.

이후, 헬렌은 자신처럼 장애를 가진 사람들을 도우며 살았어요.

★ 붕어빵 감각적 표현을 알아요.

● 빈칸에 알맞은 말을 [보기]에서 골라 쓰세요.

| [보기] | 노릇노릇 | 모락모락 | 주르륵 | 지글지글 |

기름이 ⬚ 끓어요.

⬚ 흐르는 밀가루 반죽을 철판에 부어요.

붕어빵이 노릇노릇 익어요.

뜨거운 붕어빵에서 김이 ⬚ 나요.

시각 장애인용 문자, 점자

시각 장애인은 시각에 이상이 생겨서 앞을 보지 못하거나, 아주 약한 시력만 남아 있어서 앞을 보기 어려운 사람을 말해요. '점자'는 이러한 시각 장애인을 위한 문자로, 볼록하게 튀어나온 점을 손가락으로 더듬어서 읽도록 만들어졌어요.

우리 주변에서도 점자를 쉽게 볼 수 있어요. 예를 들어, 엘리베이터 버튼을 보면 숫자를 점자로 나타낸 것을 볼 수 있지요. 숫자를 점자로 나타낼 때는 규칙이 있어요. 숫자를 쓰기 전, 숫자가 시작된다는 것을 알리는 표시인 '수표'를 먼저 써야 해요. 왜냐하면 숫자 '1, 2, 3, 4, 5, 6, 7, 8, 9, 0'과 알파벳 'A, B, C, D, E, F, G, H, I, J'를 나타내는 점자의 모양이 같기 때문이에요. 그래서 수표를 먼저 넣어서 뒤에 숫자가 온다고 알려 주는 것이지요. 그럼 점자로 숫자를 나타내 볼까요?

▲ 점자로 나타낸 숫자 (●: 튀어나온 부분)

사회와 도덕

다양한 촌락의 모습

특산물 박람회에 다녀와서

교과 융합 장애인 편의 시설을 늘립시다

태안 앞바다 살리기

교과 연계
사회 4-2
1단원
촌락과 도시의
생활 모습

정답과 해설 136쪽

06 다양한 촌락의 모습
설명문

공부한 날
월 일

어휘로
만나기

1 바른 문장이 되도록 선으로 연결하세요.

농업  은 •

어업  은 •

임업  은 •

목축업  은 •

• 물고기를 잡거나 기르는 일이에요.

• 곡식, 채소를 기르는 일이에요.

• 가축을 기르는 일이에요.

• 나무를 가꾸어 베는 일이에요.

2 [보기]처럼 바른 문장이 되도록 알맞은 말을 골라 빈칸에 쓰세요.

수업 | 농업

[보기] 농업 은 논과 밭에서 곡식, 채소를 기르는 일이에요.

목축업 | 어업

⬚ 은 바다에서 물고기를 잡거나 기르고, 김, 미역 등을 기르는 일이에요.

임업 | 졸업

⬚ 은 산에서 나무를 가꾸어 베거나 산나물을 캐는 일이에요.

목축업 | 어업

⬚ 은 가축을 많이 기르는 일이에요.

가축은 소, 돼지, 닭 등 집에서 기르는 동물을 말해요.

짧은 글로
만나기

촌락은 주로 자연환경을 이용하며 살아가는 지역을 말합니다.

농촌에서는 넓게 펼쳐진 논과 밭을 볼 수 있습니다. 농촌에서는 땅을 이용하는 산업인 **농업**이 발달했습니다.

어촌에서는 바다, 갯벌 등을 볼 수 있습니다. 어촌에서는 바다를 이용하는 산업인 **어업**이 발달했습니다.

3 촌락 중, 농업이 발달한 곳은 어디인가요? ○ 하세요.

> 농촌

> 산지촌   어촌

4 어업이 발달한 곳에서 볼 수 있는 자연환경은 무엇인가요? 답을 쓰세요.

논 | 바다

→

촌락은 주로 자연환경을 이용하며 살아가는 지역을 말합니다.

산지촌은 산으로 둘러싸인 곳으로, 산을 이용하는 산업이 발달했습니다.
산지촌에 사는 사람들은 산에서 나무를 가꾸어 베거나 산나물을 캐는 등
임업을 하며 살아갑니다. 그리고 산지 중에서도 바닥이 평평한 곳에 목장
을 만들어서 가축을 기르며 **목축업**을 하기도 합니다.

5 산에서 나무를 가꾸어 베거나 산나물을 캐는 일을
무엇이라고 하나요? ○ 하세요.

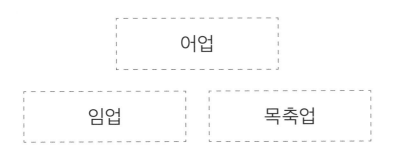

6 목축업을 하는 사람들은 목장을 만들어서 무엇을
기르나요? 답을 쓰세요.

설명문

다양한 촌락의 모습

촌락은 주로 자연환경을 이용하며 살아가는 지역을 말합니다. 농촌, 어촌, 산지촌 같은 지역을 촌락이라고 합니다. 촌락은 자연환경을 이용하기 때문에 각 지역의 자연환경에 따라 발달한 산업이 다르고, 사람들의 생활 모습도 다릅니다.

농촌에서는 넓게 펼쳐진 논과 밭을 볼 수 있습니다. 농촌에서는 땅을 이용하는 산업인 농업이 발달했습니다. 농촌에 사는 사람들은 논에서 벼농사를 짓거나 밭에서 채소를 기르기도 하며, 과수원에서 과일을 재배하기도 합니다.

어촌에서는 바다, 갯벌, 모래사장 등을 볼 수 있습니다. 어촌에서는 바다를 이용하는 산업인 어업이 발달했습니다. 어촌에 사는 사람들은 바다에서 물고기를 잡거나 기르고, 조개나 김, 미역 등을 기르기도 합니다.

산지촌은 산으로 둘러싸인 곳으로, 산을 이용하는 산업이 발달했습니다. 산지촌에 사는 사람들은 산에서 나무를 가꾸어 베거나 산나물을 캐는 등 임업을 하며 살아갑니다. 그리고 산지 중에서도 바닥이 평평한 곳에 목장을 만들어서 가축을 기르며 목축업을 하기도 합니다.

7 주로 자연환경을 이용하며 살아가는 지역을 무엇이라고 하나요? ○ 하세요.

도시

해외

촌락

8 민아가 자신이 살고 있는 지역에 대해 설명하고 있어요. 빈칸에 들어갈 말로 알맞은 것에 ○ 하세요.

민아

나는 ⬚ 에 살고 있어. 부모님은 바다에서 물고기를 잡거나 기르는 일을 하셔. 이웃들은 조개나 김, 미역 등을 길러.

농촌

어촌

산지촌

9 이 글을 읽고 정리한 내용이에요. 빈칸에 알맞은 말을 글에서 찾아 쓰세요.

농촌은 땅을 이용하는 산업인 ⬚ 이 발달했습니다.

어촌은 ⬚ 를 이용하는 산업인 ⬚ 이 발달했습니다.

산지촌은 ⬚ 을 이용하는 산업인 ⬚ 과, 목축업이 발달했습니다.

07 특산물 박람회에 다녀와서

체험 학습 보고서

공부한 날

◯ 월 ▢ 일

정답과 해설 138쪽

어휘로
만나기

1

바른 문장이 되도록 선으로 연결하세요.

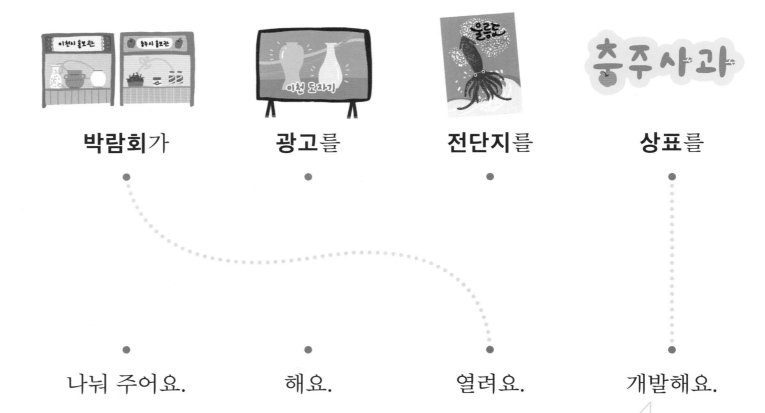

박람회가　　　**광고**를　　　**전단지**를　　　**상표**를

나눠 주어요.　　　해요.　　　열려요.　　　개발해요.

개발은 새로운 물건을 만들어 내는 것을 말해요.

2 [보기]처럼 바른 문장이 되도록 알맞은 말을 골라 빈칸에 쓰세요.

박람회 | 광고

[보기]   상품의 판매, 홍보를 위한 행사인   박람회   가 열려요.

광고 | 점자

상품에 대한 정보를 사람들에게 알리기 위해   광고   를 해요.

상표 | 전단지

상품을 홍보하는 글이 담긴   전단지   를 나눠 주어요.

박람회 | 상표

다른 상품과 구별하기 위해 사용하는 표지인   상표   를 개발해요.

짧은 글로
만나기

특산물은 어떤
지역에서 특별히
생산되는 것을
말해요.

[지훈이의 체험 학습 보고서]

특산물의 판매, 홍보를 위한 **박람회**가 열려서 다녀왔다.

이천시 홍보관에서는 특산물인 도자기에 대한 정보를 사람들에게 알리

기 위해 텔레비전 **광고**를 하고 있었다. 광고를 통해 도자기를 만드는 과정

과 박람회에 나오지 않은 도자기들을 볼 수 있었다.

3 지훈이가 다녀온 박람회는 무엇을 판매, 홍보하기
위해 열렸나요? ○ 하세요.

```
준비물
```

```
선물
```
```
특산물
```

4 이천시 홍보관에서는 어떤 특산물에 대한 정보를 알
리기 위해 광고를 하고 있었나요? 답을 쓰세요.

[지훈이의 체험 학습 보고서]

　울릉도 홍보관에서는 특산물인 오징어를 홍보하는 글이 담긴 **전단지**를 나눠 주고 있었다. 전단지에는 울릉도 오징어의 특징이 적혀 있었다.

　충주시 홍보관은 다른 상품과 구별하기 위해 사용하는 표지인 **상표**를 개발해, 특산물을 홍보하고 있었다.

5 울릉도 홍보관에서 나눠 준 전단지에는 무엇이 적혀 있었나요? ○ 하세요.

오징어의 특징

새우 잡는 과정 　　문어 요리 방법

6 충주시 홍보관은 무엇을 개발해서 특산물을 홍보하고 있었나요? 답을 쓰세요.

전단지 　|　 상표

→

긴 글로
만나기

체험 학습 보고서

제목	특산물 박람회에 다녀와서	학년/반/이름	4학년 1반 박지훈
날짜	20○○년 9월 ○일 토요일	장소	올림픽 공원
체험 내용	올림픽 공원에서 특산물의 판매, 홍보를 위한 박람회가 열려서 다녀왔다. 　이천시 홍보관에서는 특산물인 도자기에 대한 정보를 사람들에게 널리 알리기 위해 텔레비전 광고를 하고 있었다. 광고를 통해 도자기를 만드는 과정과 박람회에 나오지 않은 도자기들을 볼 수 있었다. 　울릉도 홍보관에서는 특산물인 오징어를 홍보하는 글이 담긴 전단지를 나눠 주고 있었다. 전단지에는 울릉도 오징어의 사진이 있었고, 오징어의 특징과 오징어를 이용한 여러 가지 요리가 적혀 있었다. 　마지막으로 갔던 충주시 홍보관은 입구에서부터 눈에 띄었다. 다른 상품과 구별하기 위해 사용하는 표지인 상표를 개발해, 특산물을 홍보하고 있었기 때문이다. 이 상표에는 충주시의 이름과 특산물인 사과 모양이 들어가 있었다. 그리고 박람회에서 판매 중인 사과, 사과주스, 사과잼 등 모든 상품에 상표를 붙여서 판매하고 있었다. 그래서 상표만 보아도 어느 지역의 특산물인지 한눈에 알아볼 수 있었다.		
느낀 점	특산물을 홍보하는 방법이 매우 다양하다는 것을 알게 되었다.		

7 지훈이는 이천시 홍보관에서 광고를 통해 무엇을 볼 수 있었나요? ○ 하세요.

┌─────────────────────┐
│   도자기 가격   │
└─────────────────────┘

┌─────────────────────┐
│   도자기 만드는 과정   │
└─────────────────────┘

┌─────────────────────┐
│   도자기의 역사   │
└─────────────────────┘

8 지훈이가 충주시 홍보관에서 본 내용을 정리했어요. 맞으면 ○, 틀리면 X 하세요.

충주시 홍보관

1. **특산물** : 사과 ┈┈┈┈┈┈┈ ┌──┐
                              └──┘

2. **홍보 방법** : 전단지 ┈┈┈┈┈┈ ┌──┐
                                  └──┘

3. **판매 상품** : 사과, 사과잼 등 ┈┈┈┈ ┌──┐
                                        └──┘

9 지훈이는 어디에 다녀왔나요? 빈칸에 알맞은 말을 글에서 찾아 쓰세요.

올림픽 공원에서 열린 특산물 ┌─────────┐ 에 다녀왔습니다.
                              └─────────┘

10 지훈이가 체험 학습을 다녀온 후, 느낀 것을 말해요. 빈칸에 알맞은 말을 글에서 찾아 쓰세요.

"텔레비전 ┌────┐ , 전단지, ┌────┐ 등 특산물을 홍보하는
          └────┘   └────┘

방법이 다양하구나."

★ 교과 융합

사회 4-2
3단원
사회의 변화와
문화의 다양성

국어 4-2
5단원
의견이 드러나게 글을 써요

08 장애인 편의 시설을 늘립시다

논설문

공부한 날

○ 월 □ 일

정답과 해설 140쪽

어휘로
만나기

1 바른 문장이 되도록 선으로 연결하세요.

> **점자 블록**은 시각 장애인의 안전을 위해 도로에 설치한 안내 블록을 말해요.

경사로를　　　　**승강기**를　　　　**점자 블록**으로　　　　**자막**을

> **경사로**는 바닥이 기울어지게 만든 길을 말해요.

설치해요.　　　　넣어요.　　　　길을 찾아요.　　　　타요.

2 [보기]처럼 바른 문장이 되도록 알맞은 말을 골라 빈칸에 쓰세요.

수어 ｜ 경사로

[보기] 건물 입구에 ┆ 경사로 ┆ 를 설치해요.

광고 ｜ 승강기

휠체어를 타는 장애인이 장애인용 ┆   ┆ 를 타요.

점자 블록 ｜ 자막

시각 장애인이 ┆   ┆ 으로 길을 찾아요.

자막 ｜ 점자 블록

아파트 안내 방송을 영상으로 바꾸고 ┆   ┆ 을 넣어요.

편의는 상황이나 조건 등이 편하고 좋은 것을 말해요.

짧은 글로
만나기

　아파트에 장애인 편의 시설이 부족해서 장애가 있는 주민들이 불편을 겪고 있습니다. 이들을 위해 장애인 편의 시설을 늘려야 합니다.

　첫째, 건물 입구에 **경사로**를 설치합시다. 둘째, 장애인이 **승강기**를 편하게 탈 수 있도록 장애인용 승강기를 설치합시다. 현재 아파트에 설치된 승강기는 공간이 좁아서 휠체어를 타는 장애인이 이용하기 어렵습니다.

3 글쓴이는 경사로를 어디에 설치하자고 하였나요?
○ 하세요.

공원 앞

승강기 뒤	건물 입구

4 현재 아파트에 설치된 승강기는 왜 휠체어를 타는 장애인이 이용하기 어렵나요? 답을 쓰세요.

공간이 좁아서 　|　 높이가 낮아서

→

셋째, **점자 블록**으로 길을 찾는 시각 장애인을 위해 점자 블록을 설치합시다. 점자 블록은 시각 장애인이 걸을 때 발바닥이나 지팡이의 촉감으로 위치와 방향을 알 수 있도록 도와주기 때문에, 시각 장애인의 눈 역할을 합니다. 넷째, 아파트 안내 방송을 영상으로 바꾸고 **자막**을 넣읍시다. 청각 장애인은 소리만 나오는 안내 방송을 들을 수 없기 때문입니다.

5 글쓴이는 무엇이 시각 장애인의 눈 역할을 한다고 하였나요? ○ 하세요.

경사로

점자 블록   휠체어

6 글쓴이는 누구를 위해 아파트 안내 방송을 영상으로 바꾸고 자막을 넣자고 했나요? 답을 쓰세요.

논설문

장애인 편의 시설을 늘립시다

장애인은 신체 장애 혹은 정신 장애로 인해 일상생활에 어려움이 있는 사람을 말합니다. 우리 아파트에도 장애가 있는 주민들이 있습니다. 그런데 장애인 편의 시설이 부족해서 장애가 있는 주민들이 불편을 겪고 있습니다. 이들을 위해 장애인 편의 시설을 늘려야 합니다.

첫째, 건물 입구에 경사로를 설치합시다. 현재는 계단으로 되어 있어서 휠체어를 타는 장애인이 다니기 어렵기 때문입니다. 둘째, 장애인이 승강기를 편하게 탈 수 있도록 장애인용 승강기를 설치합시다. 현재 아파트에 설치된 승강기는 공간이 좁아서 휠체어를 타는 장애인이 이용하기 어렵습니다. 셋째, 점자 블록으로 길을 찾는 시각 장애인을 위해 점자 블록을 설치합시다. 점자 블록은 시각 장애인이 걸을 때 발바닥이나 지팡이의 촉감으로 위치와 방향을 알 수 있도록 도와주기 때문에, 시각 장애인의 눈 역할을 합니다. 넷째, 아파트 안내 방송을 영상으로 바꾸고 자막을 넣읍시다. 청각 장애인은 소리만 나오는 안내 방송을 들을 수 없기 때문입니다.

이처럼 아파트에 장애인 편의 시설을 늘린다면, 장애를 가진 주민들이 일상생활에서 겪는 불편이나 어려움을 줄일 수 있을 것입니다.

7 이 글은 무엇을 늘리자고 주장하는 글인가요? ○ 하세요.

장애인을 위한 일자리

장애인 편의 시설

장애인 차별

8 이 글의 내용을 정리했어요. <u>틀린</u> 것을 찾아 기호를 쓰세요.

> ㉠ **문제 상황** : 아파트에 장애인 편의 시설이 부족하다.
>
> ㉡ **의견** : 점자 블록을 설치해야 한다.
>
> ㉢ **그렇게 생각한 까닭** : 시각 장애인은 소리만 나오는 안내 방송을 들을 수 없기 때문이다.

9 장애인은 어떤 사람인가요? 빈칸에 알맞은 말을 글에서 찾아 쓰세요.

⬚ 장애 혹은 정신 장애로 인해 일상생활에 어려움이 있는 사람입니다.

10 휠체어를 타는 장애인을 위해 아파트에 무엇을 설치하자고 주장했나요? 빈칸에 알맞은 말을 글에서 찾아 쓰세요.

⬚ 와 장애인용 ⬚ 를 설치하자고 주장했습니다.

09 | 태안 앞바다 살리기
기사문

정답과 해설 142쪽

어휘로
만나기

1 바른 문장이 되도록 선으로 연결하세요.

유조선

기중기

유조선과
기중기가

기름이 바다로

바다가 검게

봉사자가 기름을

얼룩지다.

충돌하다.

유출되다.

제거하다.

유출은 밖으로 흘러 나가는 것을 말해요.

2 [보기]처럼 바른 문장이 되도록 알맞은 말을 골라 빈칸에 쓰세요.

유조선은 석유를 실어 나르는 배를 말해요.

얼룩져요 ∣ 충돌해요

[보기] 바다에서 유조선과 해상 기중기가 　충돌해요　.

유출되어요 ∣ 충돌해요

수많은 양의 기름이 바다로 　　　　.

얼룩져요 ∣ 제거해요

태안 앞바다가 검게 　　　　.

유출되어요 ∣ 제거해요

자원봉사자가 기름을 　　　　.

기중기는 무거운 물건을 들어 올려 옮기는 기계를 말해요.

짧은 글로
만나기

2007년 12월 7일, 태안 앞바다에서 유조선과 해상 기중기가 **충돌했다**. 충돌 사고로 인해 유조선에 실려 있던 수많은 양의 기름이 태안 앞바다로 **유출되었고**, 새파랬던 바다는 검은색의 기름으로 뒤덮였다. 바닷가와 바닷물이 심각하게 오염되었고, 주로 어업을 하는 태안 주민들도 큰 피해를 입었다.

3 태안 앞바다에서 해상 기중기와 무엇이 충돌했나요? ○ 하세요.

나룻배

유조선   잠수함

4 충돌 사고로 인해 무엇이 태안 앞바다로 유출되었나요? 답을 쓰세요.

→

전문가들은 기름으로 검게 **얼룩진** 태안 앞바다가 되살아나는 데 수십 년이 걸릴 것이라고 예상했다.

그런데 며칠 후, 태안 앞바다를 뒤덮은 기름을 **제거하기** 위해 수많은 자원봉사자들이 태안을 찾아왔다. 자원봉사자들은 삽과 양동이를 이용해서 바닷물에 떠 있는 기름을 퍼냈다.

5 전문가들은 검게 얼룩진 바다가 되살아나는 데 얼마나 걸릴 것이라고 예상했나요? ○ 하세요.

일 년

십일 년 | 수십 년

6 자원봉사자들은 기름을 제거하기 위해 무엇을 이용했나요? 답을 쓰세요.

삽과 양동이 | 물과 비누

→

기사문

태안 앞바다 살리기

2007년 12월 7일, 태안 앞바다에서 유조선과 해상 기중기가 충돌했다. 충돌 사고로 인해 유조선에 실려 있던 수많은 양의 기름이 태안 앞바다로 유출되었고, 새파랬던 바다는 검은색의 기름으로 뒤덮였다. 바닷가와 바닷물이 심각하게 오염되었고, 주로 어업을 하는 태안 주민들도 큰 피해를 입었다. 전문가들은 기름으로 검게 얼룩진 태안 앞바다가 되살아나는 데 수십 년이 걸릴 것이라고 예상했다.

그런데 며칠 후, 태안 앞바다를 뒤덮은 기름을 제거하기 위해 수많은 자원봉사자들이 태안을 찾아왔다. 기름 제거 작업을 시작하기 전, 자원봉사자들은 먼저 방제복을 입고, 장갑과 마스크를 꼈다. 그다음 삽과 양동이를 이용해서 바닷물에 떠 있는 기름을 퍼내고, 기름을 빨아들이는 천을 이용해서 자갈이나 바위에 묻은 기름을 닦았다. 이들의 노력 덕분에 태안 앞바다를 뒤덮고 있던 기름의 양이 조금씩 줄기 시작했다. 이번 활동에 참여한 자원봉사자는 처음에는 불가능할 것 같았는데, 수많은 자원봉사자들이 협동하여 작업했더니 기름이 줄어들어서 뿌듯하다고 말했다. 그리고 더 많은 사람들이 힘을 합쳐서, 하루빨리 새파란 태안 앞바다를 다시 볼 수 있으면 좋겠다고 밝혔다.

> **방제복**은 약품으로 인한 피해를 입지 않도록 보호하려고 입는 옷을 말해요.

7 이 글은 무엇에 대한 기사문인가요? ○ 하세요.

태안 갯벌 체험

태안 해수욕장 개장

태안 기름 유출 사고

8 친구들이 이 글을 읽고 나눈 대화예요. 잘못 이야기한 사람의 말에 X 하세요.

태안 앞바다를 뒤덮은 기름을 제거한 사람들은 전부 태안 주민들이었어.

지연

선우

자원봉사자들은 기름을 제거하기 전에 먼저 방제복을 입고, 장갑과 마스크를 꼈어.

9 충돌 사고로 인해 기름이 유출되면서 어떤 문제가 생겼나요? 빈칸에 알맞은 말을 글에서 찾아 쓰세요.

바다가 ☐☐ 되었고, ☐☐ 을 하는 주민들도 큰 피해를 입었습니다.

10 한 어린이가 이 기사문을 보고, 느낀 것을 말해요. 빈칸에 알맞은 말을 글에서 찾아 쓰세요.

"수많은 ☐☐☐☐☐ 들의 노력으로 기름이 줄어들어서 다행이야."

10

확인 학습

어휘 복습하기
6-9일

공부한 날

월

일

정답과 해설 161쪽

62 어휘력이 독해력이다

★ **다양한 촌락의 모습** 하는 일을 알아요. ● 빈칸에 알맞은 말을 [보기]에서 골라 쓰세요.

[보기]	임업	어업	농업	목축업

논과 밭에서 곡식, 채소를
기르는 일

바다에서 물고기를 잡거나 기르고,
김, 미역 등을 기르는 일

 임업

산에서 나무를 가꾸어 베거나
산나물을 캐는 일

가축을 많이 기르는 일

★ 특산물 박람회에 다녀와서 글을 요약해요.

● 빈칸에 알맞은 말을 [보기]에서 골라 쓰세요.

[보기]	전단지	상표	광고	박람회

지역 특산물을 홍보하는 방법

❶ 상품의 판매, 홍보를 위한 행사인 ☐☐☐☐☐ 를 열어요.

❷ 상품에 대한 정보를 사람들에게 알리기 위해 광고 를 해요.

❸ 특산물을 홍보하는 글이 담긴 ☐☐☐☐☐ 를 나눠 주어요.

❹ 다른 상품과 구별하기 위해 사용하는 표지인 ☐☐☐☐☐ 를 개발해요.

★ 장애인 편의 시설을 늘립시다 글쓴이의 주장을 정리해요. ● 빈칸에 알맞은 말을 [보기]에서 골라 쓰세요.

[보기]	점자 블록	자막	경사로	승강기

● 문제점

아파트에 장애인 편의 시설이 부족해서 장애가 있는 주민들이 불편을 겪고 있습니다.

● 해결 방안

첫째, 건물 입구에 경사로 를 설치합시다.

둘째, 장애인용 [   ]를 설치합시다.

셋째, 시각 장애인이 길을 찾을 수 있도록 [   ]을 설치합시다.

넷째, 안내 방송을 영상으로 바꾸고 [   ]을 넣읍시다.

★ 태안 앞바다 살리기 이야기의 흐름을 살펴요.

● 빈칸에 알맞은 말을 [보기]에서 골라 쓰세요.

[보기]	얼룩졌어요	충돌했어요	유출되었어요	제거했어요

태안 앞바다에서 유조선과 해상 기중기가 _____.

유조선에 실려 있던 기름이 태안 앞바다로 _____.

기름 때문에 태안 앞바다가 검게 _____.

자원봉사자들이 태안 앞바다를 뒤덮은 기름을 _____.

다양한 지역 축제

촌락은 지역마다 자연환경이나 특산물이 다르기 때문에, 이를 활용해서 축제를 열기도 해요. 어떤 지역 축제가 있는지 알아볼까요?

이천 도자기 축제

도자기가 유명한 이천에서는 매년 도자기 축제가 열려요. 장인들이 만든 도자기를 볼 수 있을 뿐만 아니라, 나만의 도자기도 직접 만들어 볼 수 있어요.

진해 군항제

벚꽃으로 유명한 진해에서는 매년 4월, 벚꽃 축제가 열려요. 벚꽃뿐만 아니라 군인들이 음악을 연주하는 군악대의 행진 등 다양한 공연도 볼 수 있어요.

보령 머드 축제

머드로 유명한 보령에서는 매년 7월, 머드 축제가 열려요. 머드는 갯벌에서 얻을 수 있는 천연 진흙이에요. 진흙 마사지 및 각종 놀이를 즐길 수 있어요.

과학과 수학

★ 교과 융합

과학 4-2
4단원
화산과 지진

국어 4-2
7단원
독서 감상문을 써요

11 | 폼페이, 최후의 날
동화

공부한 날
○ 월 □ 일

정답과 해설 144쪽

어휘로
만나기

1 바른 문장이 되도록 선으로 연결하세요.

> **용암**은 화산이 폭발할 때 솟구쳐 나오는 액체를 말해요.

> **화산재**는 화산에서 나온 용암의 부스러기 중 작은 알갱이를 말해요.

화산이

용암이

화산 가스가

화산재로

흘러요.   폭발해요.   뒤덮여요.   발생해요.

2 [보기]처럼 바른 문장이 되도록 알맞은 말을 골라 빈칸에 쓰세요.

화산 | 농업

[보기] 산 정상에서 [화산] 이 폭발해요.

자막 | 용암

새빨간 [ ] 이 산을 따라 흘러요.

화산 가스 | 수어

[ ] 가 발생해요.

승강기 | 화산재

나무, 건물 등이 [ ] 로 뒤덮여요.

폼페이는 이탈리아의 옛 도시를 말해요.

짧은 글로
만나기

"안나, 구름의 모양이 심상치 않구나. 폼페이를 벗어나야겠다."

안나의 가족이 폼페이를 벗어나려는 순간, 쾅 소리와 함께 베수비오산 정상에서 **화산**이 폭발했습니다. 화산이 폭발하자, 여러 물질이 뿜어져 나왔습니다. 새빨간 **용암**이 산을 따라 흐르면서, 산불이 났습니다.

3 어디에서 화산이 폭발했나요? ○ 하세요.

강 상류

마을 입구　　　산 정상

4 용암이 산을 따라 흐르면서, 어떤 일이 생겼나요? 답을 쓰세요.

눈사태가 발생했다.　|　산불이 났다.

→

다음 글을 읽고, 질문에 답하세요. [5~6]

베수비오산은 이탈리아 나폴리 지역에 있는 산을 말해요.

베수비오산 정상에서 화산이 폭발하자, 여러 물질이 뿜어져 나왔습니다. **화산 가스**가 발생해서 숨을 쉬기도 어려웠습니다. 크고 작은 바위 조각들이 튀어나와 바닥으로 떨어졌고, 산에 있던 나무부터 건물, 도로 등 수많은 곳이 **화산재**로 뒤덮이면서 폼페이는 순식간에 회색빛 도시가 되었습니다.

5 화산이 폭발하자, 어떤 물질이 뿜어져 나왔나요? 모두 ○하세요.(2개)

화산 가스

얼음   화산재

6 화산재로 뒤덮인 폼페이는 순식간에 어떤 도시가 되었나요? 답을 쓰세요.

→ [   ] 도시

3단원 과학과 수학 **71**

동화

폼페이, 최후의 날

오늘, 폼페이 사람들은 불의 신에게 제사를 지냈습니다. 안나도 가족과 함께 제사에 참여했습니다. 그런데 갑자기 땅이 흔들리고, 이상한 모양의 구름이 생기기 시작했습니다. 그때, 어머니가 걱정 가득한 얼굴로 안나에게 말했습니다.

"안나, 베수비오산에 뜬 구름의 모양이 심상치 않구나. 폼페이를 벗어나야겠다."

안나의 가족이 폼페이를 벗어나려는 순간, 쾅 소리와 함께 베수비오산 정상에서 화산이 폭발했습니다. 화산이 폭발하자, 여러 물질이 뿜어져 나왔습니다. 새빨간 용암이 산을 따라 흐르면서, 산불이 났습니다. 베수비오산과 주변이 온통 붉게 타기 시작했습니다. 화산 가스가 발생해서 숨을 쉬기도 어려웠습니다. 그리고 크고 작은 바위 조각들이 튀어나와 바닥으로 떨어졌고, 산에 있던 나무부터 건물, 도로 등 수많은 곳이 화산재로 뒤덮이면서 폼페이는 순식간에 회색빛 도시가 되었습니다.

안나와 가족들은 온 힘을 다해 도망쳤습니다. 얼마 지나지 않아 나무와 꽃으로 가득했던 산은 불에 타고, 폼페이 도시 전체는 화산재에 묻히고 말았습니다. 폼페이는 더 이상 어떤 생명체도 살지 않는 곳처럼 보였습니다.

7 폼페이 사람들은 오늘 누구에게 제사를 지냈나요? ○ 하세요.

태양의 신

불의 신

전쟁의 신

8 친구들이 이 글을 읽고 나눈 대화예요. 잘못 이야기한 사람의 말에 X 하세요.

화산이 폭발하기 전, 땅이 흔들리고 베수비오산에 이상한 모양의 구름이 생겼어.

선오

갑자기 화산이 폭발했지만, 화산 가스가 발생해서 사람들이 숨을 쉴 수 있었어.

유진

9

교과 융합

한 어린이가 이 글을 읽고, 편지 형식의 감상문을 썼어요. 빈칸에 알맞은 말을 글에서 찾아 쓰세요.

안나야, 안녕? 베수비오산에서 ⬚⬚ 이 폭발했을 때, 정말 무서웠겠다.

⬚⬚⬚ 도시 전체가 ⬚⬚⬚ 에 묻혔을 때, 너무 마음이 아팠어.

네가 무사했으면 좋겠다.

12 | 지진이 발생했어요
기사문

공부한 날

◯ 월 ☐ 일

정답과 해설 146쪽

어휘로
만나기

1 바른 문장이 되도록 선으로 연결하세요.

건물이

학생이

전봇대가

차가

흔들리다.

파손되다.

대피하다.

기울어지다.

파손은 깨어져 못 쓰게
되는 것을 말해요.

대피는 위험을 피해 잠깐 안전한
곳으로 가는 것을 말해요.

2 [보기]처럼 바른 문장이 되도록 알맞은 말을 골라 빈칸에 쓰세요.

대피해요 | 흔들려요

[보기]   지진이 발생하자, 건물이 [흔들려요] .

파손되어요 | 대피해요

학생이 운동장으로 [   ] .

기울어져요 | 경청해요

길에 있는 전봇대가 [   ] .

파손되어요 | 토의해요

주차되어 있던 차가 [   ] .

짧은 글로
만나기

20○○년 10월 ○일, 포항에서 강한 지진이 발생했다. 우체국, 도서관 등 수많은 건물이 **흔들렸다.** 건물에 있는 모든 사람들이 흔들림을 느낄 정도로 규모가 큰 지진이었다. 흔들림이 멈추자, 시민들이 건물 밖으로 나왔다. 학교 안에 있던 학생들은 선생님의 지시에 따라 운동장으로 **대피했다.**

규모는 사물이나 현상의 크기나 범위를 말해요.

3 무엇이 발생해서 건물이 흔들렸나요? ○ 하세요.

지진

태풍   화산

4 학생들은 선생님의 지시에 따라 어디로 대피했나요? 답을 쓰세요.

→

이번 지진으로 인해 여러 곳에서 피해가 발생했다. 땅에 금이 갔고, 길에 있는 전봇대가 **기울어지기도** 했다. 건물 벽이 갈라지거나 지붕이 무너진 곳도 있었다. 또, 건물이 무너지면서 바깥에 주차되어 있던 차와 오토바이가 **파손되기도** 했다.

5 지진으로 인해 무엇이 기울어졌나요? ○ 하세요.

승강기

유리창 | 전봇대

6 지진으로 인해 건물이 무너지면서, 무엇이 파손되었나요? 답을 쓰세요.

차와 오토바이 | 배와 비행기

→

기사문

지진이 발생했어요

20○○년 10월 ○일, 포항에서 강한 지진이 발생했다. 우체국, 도서관, 아파트 등 수많은 건물이 흔들렸다. 건물에 있는 모든 사람들이 흔들림을 느낄 정도로 규모가 큰 지진이었다. 흔들림이 멈추자, 건물 안에 있던 시민들이 건물 밖으로 나왔다. 학교 안에 있던 학생들은 선생님의 지시에 따라 운동장으로 대피했다.

이번 지진으로 인해 여러 곳에서 피해가 발생했다. 땅에 금이 갔고, 길에 있는 전봇대가 기울어지기도 했다. 건물 벽이 갈라지거나 지붕이 무너진 곳도 있었다. 또, 건물이 무너지면서 바깥에 주차되어 있던 차와 오토바이가 파손되기도 했다.

하지만 이번 지진은 큰 인명 피해로 이어지지는 않았다. 전문가들은 시민들이 대처 방법을 알고, 침착하게 행동했기 때문이라고 입을 모았다. 그리고 지진이 발생했을 때 대처하는 방법을 알아 두는 것이 중요하다고 강조했다. 먼저, 건물 안에 있을 때 지진이 발생했다면 책상이나 탁자 밑으로 피해야 한다. 그리고 건물 밖으로 나올 때는 승강기가 아닌 계단을 이용해야 한다. 승강기를 타고 있을 경우에는 모든 층의 버튼을 눌러서 먼저 열리는 층에 내린 뒤, 계단을 이용해야 한다. 건물 밖에 있는 경우에는 건물이 무너져서 다칠 위험이 없는 공원, 운동장 같은 곳으로 대피해야 한다.

7 지진이 발생했을 때, 시민들은 언제 건물 밖으로 나왔나요? ○ 하세요.

건물이 흔들리기 전에

건물이 흔들릴 때

흔들림이 멈추었을 때

8 지진이 발생했을 때 대처하는 방법으로 맞으면 ○, 틀리면 X 하세요.

건물 안에서는 책상이나 탁자 밑으로 피해야 합니다. ☐

건물 밖으로 나올 때는 승강기를 이용해서 빠르게 대피합니다. ☐

승강기 안에 있을 경우에는 가장 높은 층을 누르고, 옥상으로 가야 합니다. ☐

9 이번에 포항에서 발생한 지진은 어떠했나요? 빈칸에 알맞은 말을 글에서 찾아 쓰세요.

건물에 있는 사람들이 흔들림을 느낄 정도로 ☐ 가 큰 지진이었습니다.

10 지진이 발생했을 때, 건물 밖에 있는 경우에는 어떻게 대처해야 하나요? 빈칸에 알맞은 말을 글에서 찾아 쓰세요.

☐ , 운동장 같은 곳으로 ☐ 해야 합니다.

정답과 해설 148쪽

13 | 물의 여행
설명문

공부한 날
월　일

어휘로
만나기

1 바른 문장이 되도록 선으로 연결하세요.

물이

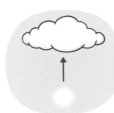

수증기가

식물의 뿌리가
물을

물이 여러 곳을

응결하다.

응결은 기체인 수증기가 액체인
물로 변하는 것을 말해요.

증발하다.

증발은 액체가 기체로
변하는 것을 말해요.

순환하다.

순환은 자꾸 되풀이하여
도는 것을 말해요.

흡수하다.

2 [보기]처럼 바른 문장이 되도록 알맞은 말을 골라 빈칸에 쓰세요.

[보기]

증발해서 | 흡수해서

햇볕을 받으면 물이 [증발해서] 수증기가 되어요.

응결해서 | 대피해서

기온이 낮아지면 수증기가 [   ] 구름이 되어요.

응결해요 | 흡수해요

식물의 뿌리가 땅속으로 스며든 물을 [   ].

파손되어요 | 순환해요

물이 바다, 공기 중, 땅 등 여러 곳을 [   ].

짧은 글로
만나기

물은 우리 주변에서 강, 바다, 호수 등 다양한 모습으로 존재합니다. 이 때, 따뜻한 햇볕을 받으면 물은 **증발해서** 수증기가 됩니다. 수증기는 공기 중에 떠다니다가 하늘로 올라갑니다. 그리고 높은 하늘에서 기온이 낮아지면 수증기가 **응결해서** 구름이 됩니다.

3 따뜻한 햇볕을 받으면 물은 증발해서 무엇이 되나요? ○ 하세요.

눈

수증기

호수

4 높은 하늘에서 수증기가 응결하면 무엇이 되나요? 답을 쓰세요.

→

구름은 떠다니다가 너무 무거워지면, 비나 눈이 되어 다시 땅으로 내려갑니다. 땅으로 떨어진 물은 바다로 흘러가기도 하고, 땅속으로 스며들기도 합니다. 그리고 식물의 뿌리가 땅속으로 스며든 물을 **흡수합니다**.

이처럼 물은 상태가 변하면서 바다, 공기 중, 땅 등 여러 곳을 돌고 돕니다. 이러한 과정을 '물이 **순환한다**'라고 표현합니다.

5 땅속으로 스며든 물을 흡수하는 것은 식물의 어느 부분인가요? ○ 하세요.

> 잎

> 줄기 | 뿌리

6 물이 상태가 변하면서 여러 곳을 돌고 도는 과정을 표현한 말은 무엇인가요? 답을 쓰세요.

물이 순환한다. | 물이 증발한다.

> →

설명문

물의 여행

물은 상태가 변하면서 세상을 자유롭게 여행합니다. 강이나 바다의 모습으로 존재하기도 하고, 수증기가 되어 공기 중을 떠다니기도 하고, 비나 눈이 되어 땅으로 내려오기도 합니다. 물의 여행에 대해 알아볼까요?

물은 우리 주변에서 강, 바다, 호수 등 다양한 모습으로 존재합니다. 이때, 따뜻한 햇볕을 받으면 물은 증발해서 수증기가 됩니다. 수증기는 공기 중에 떠다니다가 하늘로 올라갑니다. 그리고 높은 하늘에서 기온이 낮아지면 수증기가 응결해서 구름이 됩니다. 구름은 떠다니다가 너무 무거워지면, 비나 눈이 되어 다시 땅으로 내려갑니다. 땅으로 떨어진 물은 강이나 바다로 흘러가기도 하고, 땅속으로 스며들기도 합니다. 땅속으로 스며든 물은 지하수가 되기도 하고, 식물의 뿌리가 땅속으로 스며든 물을 흡수하기도 합니다. 식물이 뿌리로 빨아들인 물은 줄기를 통해 잎으로 전달됩니다. 이때 식물이 햇볕을 받으면, 잎에 있던 물이 다시 수증기로 증발해서 하늘로 올라갑니다.

이처럼 물은 상태가 변하면서 바다, 공기 중, 땅 등 여러 곳을 돌고 돕니다. 이러한 과정을 '물이 순환한다'라고 표현합니다.

7 식물이 뿌리로 빨아들인 물은 무엇을 통해 잎으로 전달되나요? ○ 하세요.

열매

줄기

흙

8 빈칸에 들어갈 말로 알맞은 것은 무엇인가요? ○ 하세요.

수증기는 공기 중에 떠다니다가 하늘로 올라갑니다. 그리고 높은 하늘에서 [   ]이/가 낮아지면 수증기가 응결해서 구름이 됩니다.

기온

높이

공기

9 물의 순환을 나타낸 그림이에요. 그림을 보고, 빈칸에 알맞은 말을 글에서 찾아 쓰세요.

㉠ : 물이 [   ] 해서 [   ] 가 됩니다.

㉡ : 수증기가 [   ] 해서 [   ] 이 됩니다.

㉢ : 뿌리가 땅속으로 스며든 물을 [   ] 합니다.

14 | 그래프를 그려요
생활문

정답과 해설 150쪽

어휘로 만나기

1 바른 문장이 되도록 선으로 연결하세요.

꺾은선그래프 는 •

물결선 은 •

눈금 은 •

선분 은 •

• 점들을 선분으로 이어서 그린 그래프예요.

• 수나 양을 나타내는 표시예요.

• 두 점을 곧게 이은 선이에요.

• 필요 없는 부분을 줄일 때 사용하는 선이에요.

2 [보기]처럼 바른 문장이 되도록 알맞은 말을 골라 빈칸에 쓰세요.

막대그래프 | 꺾은선그래프

[보기] 꺾은선그래프 는 수량을 점으로 표시하고,

그 점들을 선분으로 이어서 그린 그래프예요.

물결선 | 눈금

은 그래프에서 필요 없는 부분을 줄일 때 사용하는

물결 모양의 선이에요.

선분 | 눈금

은 수나 양 등을 나타내는 표시예요.

선분 | 물결선

은 두 점을 곧게 이은 선이에요.

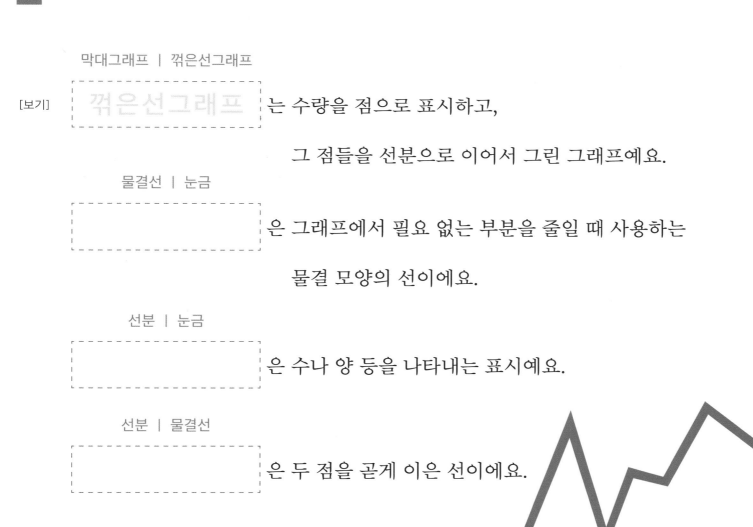

짧은 글로
만나기

"유찬아, **꺾은선그래프**를 그려 보면 키의 변화를 한눈에 볼 수 있어."

어머니의 말씀을 듣고, 유찬이는 먼저 그래프의 가로에는 나이, 세로에는 키를 넣기로 정했어요. 그리고 그래프에서 나타내야 할 부분은 125cm부터 139cm이기 때문에, 0cm와 125cm 사이에 **물결선**을 넣어서 필요 없는 부분을 줄였지요.

3 유찬이는 무엇을 알기 위해 꺾은선그래프를 그렸나요? ○ 하세요.

몸무게의 변화

운동 횟수	키의 변화

4 유찬이는 필요 없는 부분을 줄이기 위해 어디에 물결선을 넣었나요? 답을 쓰세요.

125cm와 139cm 사이	0cm와 125cm 사이

→

그다음 세로 **눈금** 한 칸의 크기를 1cm로 정하고, 그동안 공책에 기록한 내용을 보면서 각 나이에 맞는 키에 점을 찍었어요. 점들을 **선분**으로 반듯하게 이은 다음, 마지막으로 '유찬이의 키'라고 제목을 붙여서 그래프를 완성했지요.

5 유찬이는 세로 눈금 한 칸의 크기를 얼마로 정했나요? ○ 하세요.

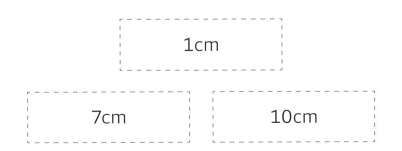

6 유찬이는 점을 찍은 다음, 점들을 무엇으로 이었나요? 답을 쓰세요.

생활문

그래프를 그려요

매년 6월, 유찬이는 키를 재고 공책에 기록했어요. 여덟 살 때는 125cm, 아홉 살 때는 128cm, 열 살 때는 134cm였고, 열한 살이 된 올해에는 139cm가 되었어요. 유찬이가 공책에 올해의 키를 적고 있을 때, 어머니께서 다가오셨어요.

"유찬아, 여덟 살 때부터 열한 살 때까지 키의 변화를 그래프로 나타내 볼까? 매년의 키를 점으로 표시하고, 그 점들을 이어서 꺾은선그래프를 그려 보는 거야. 그러면 여덟 살 때부터 지금까지 유찬이 키의 변화를 한눈에 볼 수 있어."

어머니의 말씀을 듣고, 유찬이는 먼저 그래프의 가로에는 나이, 세로에는 키를 넣기로 정했어요. 그리고 그래프에서 나타내야 할 부분은 125cm부터 139cm이기 때문에, 0cm와 125cm 사이에 물결선을 넣어서 필요 없는 부분을 줄였지요. 그다음 세로 눈금 한 칸의 크기를 1cm로 정하고, 그동안 공책에 기록한 내용을 보면서 각 나이에 맞는 키에 점을 찍었어요. 점들을 선분으로 반듯하게 이은 다음, 마지막으로 '유찬이의 키'라고 제목을 붙여서 그래프를 완성했지요.

완성된 꺾은선그래프를 보았더니 유찬이의 키가 꾸준히 컸다는 것을 한눈에 볼 수 있었어요. 유찬이는 뿌듯해하며, 키가 무럭무럭 컸으면 좋겠다고 생각했어요.

7 유찬이는 언제부터 언제까지의 키의 변화를 그래프로 나타냈나요? ○ 하세요.

일곱 살부터 열 살

여덟 살부터 열한 살

아홉 살부터 열두 살

8 유찬이가 꺾은선그래프를 그린 방법으로 맞으면 ○, 틀리면 X 하세요.

물결선을 넣어서 그래프에서 필요 없는 부분을 줄였습니다.

가로 눈금 한 칸의 크기를 1cm로 정했습니다.

나이에 맞는 키에 점을 찍고, 점들을 곡선으로 이었습니다.

9 유찬이가 그린 꺾은선그래프의 가로와 세로는 각각 무엇을 나타내나요? 빈칸에 알맞은 말을 글에서 찾아 쓰세요.

꺾은선그래프의 가로는 ⬚⬚⬚ , 세로는 ⬚ 를 나타냅니다.

10 꺾은선그래프를 그릴 때, 유찬이가 가장 마지막에 한 일은 무엇인가요? 빈칸에 알맞은 말을 글에서 찾아 쓰세요.

'⬚⬚⬚⬚⬚'라고 제목을 붙여서 그래프를 완성했습니다.

정답과 해설 162쪽

★ **폼페이, 최후의 날** 이야기를 살펴요.   ● 빈칸에 알맞은 말을 [보기]에서 골라 쓰세요.

[보기]	화산 가스	용암	화산	화산재

베수비오산 정상에서 [   ]이 폭발했어요.

새빨간 [   ]이 산을 따라 흐르면서, 산불이 났어요.

[   ]가 발생해서 숨을 쉬기도 어려웠어요.

나무, 건물 등이 회색빛의 [화산재]로 뒤덮였어요.

★ 지진이 발생했어요 지진에 대해 알아요.

● 빈칸에 알맞은 말을 [보기]에서 골라 쓰세요.

[보기]	기울어져요	대피해요	파손되어요	흔들려요

▶ 지진이 발생하면, 어떤 일이 생길까요?

도서관, 아파트 등 건물이 ⬚⬚⬚⬚⬚ .

길에 있는 전봇대가 기울어져요 .

건물이 무너지면서 주차되어 있던 차, 오토바이가 파손되어요 .

▶ 지진이 발생하면, 어떻게 행동해야 할까요?

건물 안에 있다면, 계단을 이용해서 건물 밖으로 나와요.

건물 밖에 있다면, 공원이나 운동장 같은 곳으로 ⬚⬚⬚⬚⬚ .

● 빈칸에 알맞은 말을 [보기]에서 골라 쓰세요.

[보기]	응결해서	증발해서	순환해요	흡수해요

햇볕을 받으면 물이 [   ] 수증기가 되어요.

기온이 낮아지면 수증기가 [응결해서] 구름이 되어요.

구름은 너무 무거워지면 비나 눈이 되어 다시 땅으로 내려가요.

식물의 뿌리가 땅속으로 스며든 물을 [   ].

이처럼 물은 상태가 변하면서 여러 곳을 [   ].

★ **그래프를 그려요** 꺾은선그래프를 알아요.

● 빈칸에 알맞은 말을 [보기]에서 골라 쓰세요.

[보기]	꺾은선그래프	물결선	눈금	선분

키의 변화를 나타낸 [   ]

〈유찬이의 키〉

수나 양을 나타내는 표시인

[눈금]

두 점을 곧게 이은

[   ]

필요 없는 부분을 줄일 때 사용하는

[   ]

화산 폭발로 인해 사라진 도시, 폼페이

폼페이는 이탈리아 남쪽에 있던 옛 도시예요. 일찍부터 농업과 상업이 발달했고, 당시 귀족들이 편안히 쉬러 오는 휴양지였어요.

그런데 79년 8월, 베수비오산에서 화산이 폭발했어요. 이때 뿜어져 나온 엄청난 양의 화산재와 암석 조각은 폼페이 도시 전체를 뒤덮어 버렸어요. 미리 대피한 사람들도 있었지만, 일부 사람들은 화산재에 파묻히거나 뜨거운 열기 때문에 목숨을 잃었어요. 화산 폭발로 인해 폼페이라는 하나의 도시가 사라지게 된 것이지요.

폼페이는 약 1500년 동안 땅속에 잠들어 있다가, 물길을 공사하는 과정에서 우연히 발견되었어요. 그 후, 1748년부터 폼페이의 유물이 본격적으로 발굴되기 시작했어요. 이곳에서 발굴된 많은 유물들은 나폴리 박물관에 전시되어 있으며, 지금도 여전히 폼페이의 유물 발굴이 진행되고 있어요.

▲ 화산재에 덮인 폼페이 유물

예 체 능

미술 전시회

판소리

민속놀이 축제에 다녀와서

자전거 안전하게 타기

16 | 미술 전시회
기사문

정답과 해설 152쪽

어휘로
만나기

1 바른 문장이 되도록 선으로 연결하세요.

판화  는 •

콜라주  는 •

벽화 는 •

초상화  는 •

• 사진, 종이 등을 오려
붙여 만든 그림이에요.

• 판에 그림을 새기고
찍어 낸 그림이에요.

• 사람의 얼굴을 그린
그림이에요.

• 벽에 그린 그림이에요.

2 [보기]처럼 바른 문장이 되도록 알맞은 말을 골라 빈칸에 쓰세요.

판화 | 초상화

[보기] 판화 는 판에 그림을 새기고 색을 칠한 뒤, 종이에 찍어 낸 그림이에요.

콜라주 | 판화

[   ] 는 사진, 종이 등 다양한 재료를 오려 붙여 만든 그림이에요.

콜라주 | 벽화

[   ] 는 건물이나 동굴 등의 벽에 그린 그림이에요.

초상화 | 벽화

[   ] 는 사람의 얼굴을 중심으로 그린 그림이에요.

짧은 글로
만나기

대한 초등학교 강당에서 미술 전시회가 열렸다.

김예나 학생의 <봄>은 판에 그림을 새기고 색을 칠한 뒤, 종이에 찍어 낸 **판화** 작품이었다. 오한길 학생의 <여름>은 사진, 종이 등 다양한 재료를 오려 붙여 만든 **콜라주** 작품이었다. <여름>은 해수욕장의 모습을 표현했다.

3 김예나 학생이 만든 판화 작품의 이름은 무엇인가요? ○ 하세요.

> 봄

> 여름   가을

4 오한길 학생은 콜라주 작품인 <여름>에서 어떤 모습을 표현했나요? 답을 쓰세요.

등산로 | 해수욕장

→

대한 초등학교 강당에서 미술 전시회가 열렸다.

<가을>은 벽에 그림을 그린 **벽화** 작품으로, 유일한 단체 작품이었다. 학생들은 강당 벽에 물감으로 단풍나무를 그려서 가을의 모습을 표현했다. <겨울>은 사람의 얼굴을 중심으로 그린 **초상화** 작품이었다. 이 작품을 그린 서진우 학생은 그림의 모델이 아버지라고 밝혔다.

5 학생들이 단체로 그린 <가을>은 어떤 작품인가요? ○ 하세요.

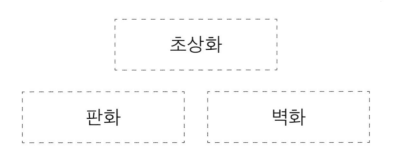

6 서진우 학생이 그린 초상화 <겨울>의 모델은 누구인가요? 답을 쓰세요.

기사문

긴 글로
만나기

미술 전시회

20○○년 11월 ○일, 대한 초등학교 강당에서 미술 전시회가 열렸다. 이번 전시회의 목적은 4학년 학생들이 만든 미술 작품을 부모님들께 선보이는 것이었다.

학생들은 이번 전시회의 주제인 '사계절의 모습'을 여러 가지 방법을 활용해서 표현했다. 김예나 학생의 <봄>은 판에 그림을 새기고 색을 칠한 뒤, 종이에 찍어 낸 판화 작품이었다. 판에 새싹 모양을 새기고 초록색을 칠한 뒤, 종이에 찍어서 봄을 표현했다. 오한길 학생의 <여름>은 사진, 종이 등 다양한 재료를 오려 붙여 만든 콜라주 작품이었다. <여름>은 해수욕장의 모습을 표현했는데, 바다와 사람은 그림을 그리고, 게와 튜브 등은 사진을 오려 붙여서 나타냈다. <가을>은 벽에 그림을 그린 벽화 작품으로, 유일한 단체 작품이었다. 학생들은 강당 벽에 물감으로 단풍나무를 그려서 가을의 모습을 표현했다. <겨울>은 사람의 얼굴을 중심으로 그린 초상화 작품이었다. 털옷을 입고, 추위 때문에 얼굴이 빨개진 모습을 통해 겨울을 표현했다. 이 작품을 그린 서진우 학생은 그림의 모델이 아버지라고 밝혔다. 전시회가 끝나고, 학생들은 직접 만든 작품을 부모님들께 선보일 수 있어서 뿌듯했다고 소감을 전했다.

7 이번 전시회의 주제는 무엇이었나요?
○ 하세요.

> 교실 풍경

> 친구들의 얼굴

> 사계절의 모습

8 작품 <봄>에 대한 설명으로 맞으면 ○, 틀리면 X 하세요.

> **1. 만든 사람** : 오한길 | |

> **2. 표현 방법** : 판화 | |

> **3. 작품 내용** : 새싹이 돋은 봄의 모습 | |

9 학생들은 가을의 모습을 어떻게 표현했나요? 빈칸에 알맞은 말을 글에서 찾아 쓰세요.

강당 벽에 물감으로 [   ]를 그려서 가을의 모습을 표현했습니다.

10 초상화는 무엇을 그린 그림인가요? 빈칸에 알맞은 말을 글에서 찾아 쓰세요.

초상화는 [   ]의 [   ]을 중심으로 그린 그림입니다.

17 | **판소리**
설명문

정답과 해설 154쪽

어휘로
만나기

1 바른 문장이 되도록 선으로 연결하세요.

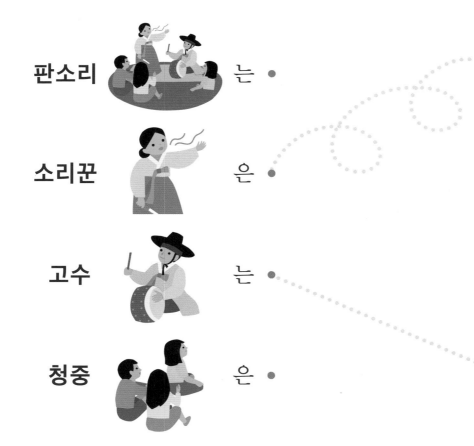

판소리 는 •　　　　　　• 노래를 부르는 사람이에요.

소리꾼 은 •　　　　　　• 이야기를 노래로
부르는 전통 음악이에요.

고수 는 •　　　　　　• 음악을 듣기 위해 모인
사람들이에요.

청중 은 •　　　　　　• 북을 치는 사람이에요.

2 [보기]처럼 바른 문장이 되도록 알맞은 말을 골라 빈칸에 쓰세요.

판소리 | 고수

[보기]
┌─────────────┐
│   판소리   │ 는 이야기를 노래로 부르는 우리나라의 전통 음악이에요.
└─────────────┘

나무꾼 | 소리꾼

┌─────────────┐
│   │ 은 노래를 부르는 사람이에요.
└─────────────┘

판소리 | 고수

┌─────────────┐
│   │ 는 장단에 맞추어 북을 치는 사람이에요.
└─────────────┘

청중 | 소리꾼

┌─────────────┐
│   │ 은 음악을 듣기 위해 모인 사람들이에요.
└─────────────┘

짧은 글로
만나기

판소리는 이야기를 노래로 부르는 우리나라의 전통 음악입니다.

판소리에서 노래를 부르는 사람을 **소리꾼**이라고 합니다. 소리꾼은 노래를 부르기도 하고, 말하듯이 이야기하기도 합니다. 또한 이야기의 내용을 몸짓으로 표현하기도 합니다.

3 판소리는 무엇을 노래로 부르나요? ○ 하세요.

지도

역사   이야기

4 판소리에서 노래를 부르는 사람은 누구인가요? 답을 쓰세요.

→

장단은 춤이나 노래의 빠르기를 조절하는 박자를 말해요.

판소리에서 장단에 맞추어 북을 치는 사람을 **고수**라고 합니다. 고수는 소리꾼이 노래하거나 이야기하는 사이사이에 추임새를 넣기도 합니다. 추임새는 흥을 돋우기 위하여 내는 말입니다. 또 판소리에서 빼놓을 수 없는 것은 음악을 듣기 위해 모인 **청중**입니다. 청중은 음악을 듣기만 하는 것이 아니라, 자신의 감상을 추임새로 표현하면서 판소리에 참여합니다.

5 고수는 무엇에 맞추어 북을 치나요? ○ 하세요.

몸짓

청중   장단

6 청중은 무엇을 추임새로 표현하나요? 답을 쓰세요.

노래 가사 | 자신의 감상

→

설명문

긴 글로
만나기

판소리

판소리는 이야기를 노래로 부르는 우리나라의 전통 음악입니다. 판소리는 여러 사람이 모이는 장소라는 의미의 '판'과 음악을 의미하는 '소리'가 합쳐진 말입니다.

판소리에서 노래를 부르는 사람을 소리꾼이라고 합니다. 소리꾼은 노래를 부르기도 하고, 말하듯이 이야기하기도 합니다. 또한 이야기의 내용을 몸짓으로 표현하기도 합니다. 그리고 판소리에서 장단에 맞추어 북을 치는 사람을 고수라고 합니다. 고수의 장단은 판소리의 내용에 따라 다양하게 변합니다. 슬픈 부분에서는 북을 느리게 치기도 하고, 긴장감이 있는 부분에서는 북을 빠르게 치기도 합니다. 고수는 소리꾼이 노래하거나 이야기하는 사이사이에 추임새를 넣기도 합니다. 추임새는 흥을 돋우기 위하여 내는 말입니다. 고수는 '얼씨구', '좋지', '잘한다' 등의 추임새를 넣어서 판소리에 재미를 더합니다. 또 판소리에서 빼놓을 수 없는 것은 음악을 듣기 위해 모인 청중입니다. 청중은 단순히 음악을 듣기만 하는 것이 아니라, 자신의 감상을 추임새로 표현하면서 판소리에 적극적으로 참여합니다.

이처럼 판소리는 공연을 진행하는 소리꾼과 고수, 그리고 공연을 구경하는 청중이 하나가 되어 즐깁니다.

7 이 글은 무엇에 대해 설명하고 있나요? ○ 하세요.

전통 악기

풍물놀이

판소리

8 소리꾼에 대한 설명으로 맞으면 ○, 틀리면 X 하세요.

이야기의 내용을 몸짓으로 표현하기도 합니다.

노래를 부르기도 하고, 말하듯이 이야기하기도 합니다.

장단에 맞추어 북을 칩니다.

9 청중에 대한 설명이에요. 빈칸에 알맞은 말을 글에서 찾아 쓰세요.

청중은 음악을 듣는 것뿐 아니라, 판소리에 적극적으로   합니다.

10 고수의 역할 중 하나예요. 빈칸에 알맞은 말을 글에서 찾아 쓰세요.

고수는 '얼씨구' 같은   를 넣어 판소리에   를 더합니다.

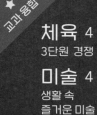
18 | 민속놀이 축제에 다녀와서
일기

정답과 해설 156쪽

어휘로
만나기

1 바른 문장이 되도록 선으로 연결하세요.

민속놀이 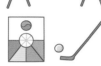 는 •

연날리기  얼레 는 •

줄타기  는 •

장치기  는 •

• 줄 위에서 재주를
선보이는 놀이예요.

• 연을 하늘에 날리는
놀이예요.

• 옛날부터 전해 내려온
놀이예요.

• 막대로 공을 치는
놀이예요.

2 [보기]처럼 바른 문장이 되도록 알맞은 말을 골라 빈칸에 쓰세요.

판화 | 민속놀이

[보기]   민속놀이   는 옛날부터 전해 내려온 놀이예요.

장치기 | 연날리기

        는 연을 하늘에 날리는 놀이예요.

줄타기 | 민속놀이

        는 줄꾼이 줄 위에서 재주를 선보이는 놀이예요.

장치기 | 줄타기

        는 막대로 나무 공을 쳐서 골문에 넣는 놀이예요.

짧은 글로 만나기

[민경이의 일기]

오늘은 **민속놀이** 축제에 다녀왔다. 축제는 민속촌에서 열렸다. 입구에 있는 안내판에 민속놀이는 옛날부터 전해 내려온 놀이라고 적혀 있었다.

먼저, 연을 하늘에 날리며 노는 **연날리기**를 하러 갔다. 나는 방패연을 골랐다. 연을 공중에 띄우고 얼레를 돌렸더니, 실이 풀리면서 연이 날았다.

얼레는 연줄을 감는 데 쓰는 기구를 말해요.

3 민속놀이 축제가 열린 곳은 어디인가요? ○ 하세요.

민속 박물관

민속촌   농촌 체험관

4 민경이는 연날리기를 하러 가서 어떤 연을 골랐나요? 답을 쓰세요.

→

[민경이의 일기]

　민속놀이 축제에서 줄꾼이 줄 위에서 재주를 선보이는 **줄타기** 공연도 보았다. 줄꾼은 공중에 맨 가느다란 줄 위를 걸어 다니면서 노래를 부르고, 춤을 추기도 했다. 마지막으로 **장치기**도 했다. 장치기는 막대로 나무 공을 쳐서 상대방의 골문에 넣으면 점수를 얻는 놀이인데, 하키와 비슷했다.

5 줄타기 공연에서 줄 위에서 재주를 선보인 것은 누구인가요? ○ 하세요.

낚시꾼

줄꾼　　나무꾼

6 장치기는 막대로 무엇을 쳐서 상대방의 골문에 넣는 놀이인가요? 답을 쓰세요.

나무 공　|　제기

→

일기

제목	민속놀이 축제에 다녀와서	학년/반/이름	4학년 2반 이민경
날짜	20○○년 11월 ○일 토요일	날씨	맑음

　오늘은 가족과 함께 민속놀이 축제에 다녀왔다. 축제는 민속촌에서 열렸다. 입구에 있는 안내판에 민속놀이는 옛날부터 사람들 사이에 전해 내려온 놀이라고 적혀 있었다. 또 체험할 수 있는 민속놀이 목록도 적혀 있었다.

　먼저, 연을 하늘에 날리며 노는 연날리기를 하러 갔다. 나는 방패연을 골랐다. 연을 공중에 띄우고 얼레를 돌렸더니, 실이 풀리면서 연이 하늘 높이 날았다. 그다음 줄꾼이 줄 위에서 재주를 선보이는 줄타기 공연도 보았다. 줄꾼은 공중에 맨 가느다란 줄 위를 걸어 다니면서 노래를 부르고, 춤을 추기도 했다. 중심을 잡기도 힘든 줄 위에서 자유롭게 움직이는 모습이 멋있었다. 마지막으로 장치기도 했다. 장치기는 막대로 나무 공을 쳐서 상대방의 골문에 넣으면 점수를 얻는 놀이인데, 놀이 방법이 체육 시간에 배운 하키와 비슷했다. 우리 가족은 팀을 나누어 시합을 했다. 나는 엄마와, 동생은 아빠와 팀이 되었다. 막대로 공을 치는 것이 쉽지 않았지만 재미있었고, 4대 2로 우리 팀이 이겨서 뿌듯했다.

　옛날부터 전해 내려온 다양한 민속놀이를 직접 해 볼 수 있어서 즐거웠다.

7 민속촌 입구에 있는 안내판에 무엇이 적혀 있었나요? 모두 ○ 하세요.(2개)

┌─────────────────────┐
│   세계의 민속놀이   │
└─────────────────────┘

┌─────────────────────┐
│   민속놀이 뜻   │
└─────────────────────┘

┌─────────────────────┐
│ 체험 가능한 민속놀이 │
└─────────────────────┘

교과 융합

8 민경이가 생활 속 재료를 이용해서 놀잇감을 만들었어요. 축제에서 본 놀잇감으로 알맞은 것에 ○ 하세요.

방패연   투호   제기

9 연은 어떻게 날리나요? 빈칸에 알맞은 말을 글에서 찾아 쓰세요.

연을 공중에 띄우고, [   ]를 돌리면 [   ]이 풀리면서 연이 납니다.

10 민경이가 축제에 다녀온 후, 느낀 점을 말해요. 빈칸에 알맞은 말을 글에서 찾아 쓰세요.

"연날리기, 장치기 등 옛날부터 전해 내려온 [   ]를

해 볼 수 있어서 즐거웠어!"

교과 연계
체육 4
5단원 안전

19 | **자전거 안전하게 타기**
안내문

공부한 날
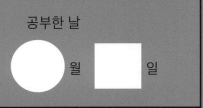
월   일

정답과 해설 158쪽

어휘로
만나기

1 바른 문장이 되도록 선으로 연결하세요.

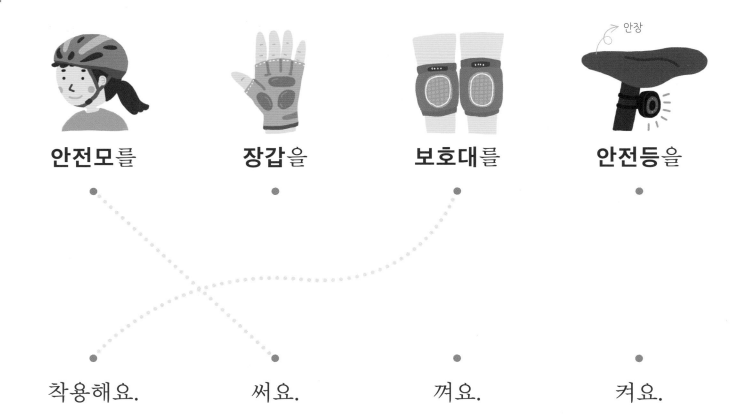

안장

안전모를   **장갑**을   **보호대**를   **안전등**을

착용해요.   써요.   껴요.   켜요.

2

[보기]처럼 바른 문장이 되도록 알맞은 말을 골라 빈칸에 쓰세요.

안전모 ｜ 자전거

[보기]   머리를 보호하기 위해 안전모 를 써요.

장갑 ｜ 안전등

손을 보호하기 위해 [   ] 을 껴요.

마스크 ｜ 보호대

팔꿈치와 무릎을 보호하기 위해 [   ] 를 착용해요.

안전등 ｜ 장갑

밤에 자전거를 탈 때에는 [   ] 을 켜요.

짧은 글로
만나기

[자전거 안전하게 타기]

• 자전거에 고장 난 부분이 없는지 점검해요.

• 머리를 보호하기 위해 **안전모**를 써요.

• 손을 보호하기 위해 **장갑**을 껴요. 장갑을 끼면 넘어졌을 때 손을 보호

할 수 있고, 손잡이를 잡을 때에도 미끄러지지 않아요.

3 자전거를 탈 때, 안전모를 쓰면 어디를 보호할 수 있나요? ○ 하세요.

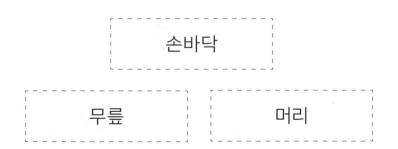

손바닥

무릎   머리

4 자전거를 탈 때, 장갑을 끼면 무엇을 잡을 때 미끄러지지 않나요? 답을 쓰세요.

→

[자전거 안전하게 타기]

- 팔꿈치와 무릎을 보호하기 위해 **보호대**를 착용해요. 보호대를 착용하면 넘어졌을 때 팔꿈치와 무릎이 다치는 것을 막을 수 있어요.
- 자전거 전용 도로를 이용해요.
- 밤에 자전거를 탈 때에는 **안전등**을 켜요.

5 자전거를 탈 때, 보호대를 어디에 착용해야 하나요? 모두 ○하세요.(2개)

무릎

발바닥   팔꿈치

6 밤에 자전거를 탈 때, 무엇을 켜야 하나요? 답을 쓰세요.

확성기 | 안전등

→

안내문

자전거 안전하게 타기

▶ **자전거를 타기 전에는**

- 자전거에 고장 난 부분이 없는지 점검해요. 손잡이가 잘 움직이는지, 브레이크
가 제대로 작동하는지, 바퀴에 공기가 빠지지 않았는지 등을 확인해요.

- 머리를 보호하기 위해 안전모를 써요.

- 손을 보호하기 위해 장갑을 껴요. 장갑을 끼면 넘어졌을 때 손을 보호할 수 있
고, 손잡이를 잡을 때에도 미끄러지지 않아요.

- 팔꿈치와 무릎을 보호하기 위해 보호대를 착용해요. 보호대를 착용하면 넘어졌
을 때 팔꿈치와 무릎이 다치는 것을 막을 수 있어요.

▶ **자전거를 탈 때에는**

- 자전거 전용 도로를 이용해요. 자전거 전용 도로가 없을 때에는 차도의 오른쪽
가장자리로 지나다녀요.

- 밤에 자전거를 탈 때에는 안전등을 켜요. 안전등은 자전거의 안장 아랫부분에
달아요. 안전등을 켜면 눈에 잘 띄기 때문에 교통사고를 막을 수 있어요.

7 이 글은 무엇에 대한 안내문인가요? ○ 하세요.

자전거 고치는 방법

자전거 안전하게 타기

자전거의 종류

8 친구들이 이 안내문을 읽고 나눈 대화예요. 바르게 이야기한 사람의 말에 ○ 하세요.

앞으로 자전거를 탈 때에는 안전모를 쓰고, 장갑을 끼고, 보호대도 착용해야겠어.

지윤

자전거를 탈 때, 자전거 전용 도로가 없으면 인도를 이용해서 지나다니면 돼.

현우

9 자전거를 타기 전에는 무엇을 해야 하나요? 빈칸에 알맞은 말을 글에서 찾아 쓰세요.

자전거의 손잡이, ⬚⬚⬚⬚, ⬚⬚ 등을 점검해야 합니다.

10 밤에 자전거를 탈 때, 왜 안전등을 켜야 하나요? 빈칸에 알맞은 말을 글에서 찾아 쓰세요.

안전등을 켜면 눈에 잘 띄어서 ⬚⬚⬚⬚를 막을 수 있기 때문입니다.

공부한 날

월

일

★ **미술 전시회** 미술 작품을 알아보아요.   ● 빈칸에 알맞은 말을 [보기]에서 골라 쓰세요.

[보기]	벽화	초상화	판화	콜라주

[ ]

판에 그림을 새기고 색을 칠한 뒤,
종이에 찍어 낸 그림

콜라주

사진, 종이 등 다양한 재료를
오려 붙여 만든 그림

[ ]

건물이나 동굴 등의 벽에 그린 그림

[ ]

사람의 얼굴을 중심으로 그린 그림

 **판소리** 내용을 정리해요.

● 빈칸에 알맞은 말을 [보기]에서 골라 쓰세요.

[보기]	고수	소리꾼	청중	판소리

우리나라의 전통 음악, ⬚

노래를 부르는
⬚

장단에 맞춰 북을 치는
⬚

음악을 듣기 위해 모인
⬚

★ 민속놀이 축제에 다녀와서 체험 학습 보고서를 써요.   ● 빈칸에 알맞은 말을 [보기]에서 골라 쓰세요.

[보기]	장치기	연날리기	민속놀이	줄타기

장소	민속촌	날짜	20○○년 11월 ○일 토요일
체험 내용	• 연을 하늘에 날리며 [ ]를 했다. • 줄꾼이 줄 위에서 재주를 선보이는 [ ] 공연을 보았다. • 막대로 나무 공을 쳐서 골문에 넣는 [ ]를 했다.		
느낀 점	옛날부터 전해 내려온 [민속놀이]를 해 볼 수 있어서 즐거웠다.		

★ 자전거 안전하게 타기 글을 요약해요.

● 빈칸에 알맞은 말을 [보기]에서 골라 쓰세요.

[보기]	장갑	보호대	안전모	안전등

▶ **자전거를 안전하게 타는 방법**

❶ 머리에 [   ]를 써요.

❷ 손에 [   ]을 껴요.

❸ 팔꿈치와 무릎에 [보호대]를 착용해요.

❹ 밤에 자전거를 탈 때에는 [   ]을 켜요.

서양화에 대해 알아요

'서양화'는 서양의 재료와 표현 기법을 사용해 그림을 그리는 것을 말해요. 서양화에는 수채화, 유화, 파스텔화 등이 있는데, 각각 그림을 그릴 때 사용하는 재료와 사용 방법이 달라요. 어떤 재료와 방법으로 그림을 그리는지 알아볼까요?

수채화

수채화는 수채화 물감에 물을 섞어서 그림을 그려요. 물을 많이 섞을수록 그림이 투명해져요. 수채화는 맑고 투명한 느낌을 표현하기에 적합해요.

유화

유화는 기름이 섞인 물감으로 그림을 그려요. 물감에 기름이 섞여 있어서 마르는 데 오래 걸리지만, 마르기 전까지 여러 번 수정할 수 있어요.

파스텔화

파스텔화는 파스텔로 그림을 그려요. 파스텔은 색이 나는 가루를 길쭉한 막대 모양으로 굳힌 것을 말해요. 파스텔화는 부드러운 느낌을 표현하기에 적합해요.

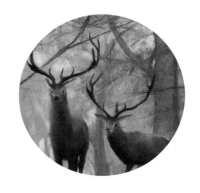

정답과 해설

01. 고양이 목에 방울 달기 / 8~13쪽

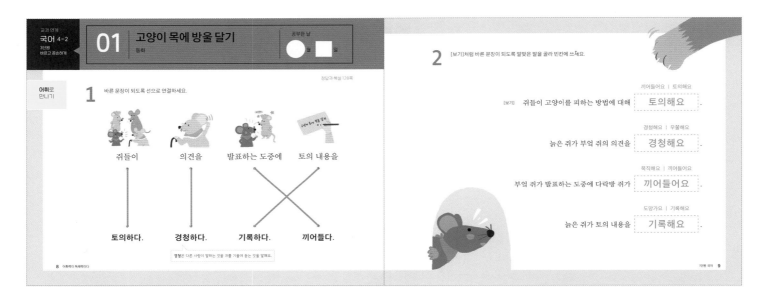

〈동화〉

동화는 글쓴이가 있음 직한 이야기를 상상하여 어린이를 위해서 쓴 글이에요. 이 글은 쥐들이 고양이를 피하는 방법에 대해 토의한 이야기예요.

더 알아보기

회의 주제를 정하는 방법

• 모두가 관심을 갖고 있는 문제인지 생각해요.
• 토의나 토론을 통해 해결할 수 있는 문제인지 생각해요.
• 최종 결정을 했을 때, 해결 방법을 실천할 수 있는지 생각해요.

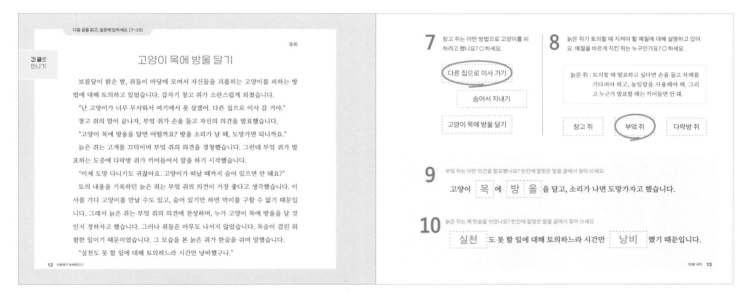

02. 전학생 소피아 / 14~19쪽

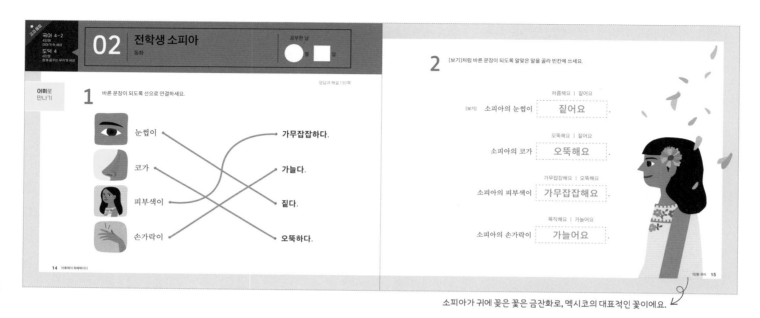

소피아가 귀에 꽂은 꽃은 금잔화로, 멕시코의 대표적인 꽃이에요.

〈동화〉

동화는 글쓴이가 있음 직한 이야기를 상상하여 어린이를 위해서 쓴 글이에요. 이 글은 주원이네 반에 전학을 온 외국인 소피아에 대한 이야기예요.

더 알아보기

편견을 없애는 방법

편견이 지속되면 다른 사람을 존중하는 태도를 기를 수 없고, 서로에 대한 오해가 커져요. 그리고 편견 때문에 차별을 받는 사람들은 자신의 능력을 충분히 발휘할 수 없게 되기도 하지요. 이러한 편견을 없애기 위해서는 어떻게 해야 할까요?

• 상대방의 입장에서 생각하고, 한쪽으로 치우치지 않기 위해 노력해요.
• 나와 다른 문화를 가진 사람들을 이해하고 존중하는 태도를 가져요.
• 편견이 드러나는 단어나 표현은 사용하지 않아요.

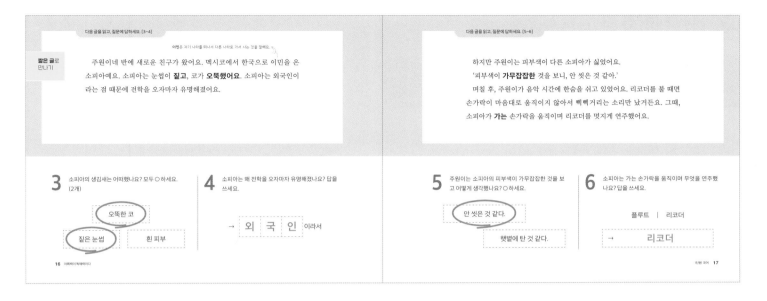

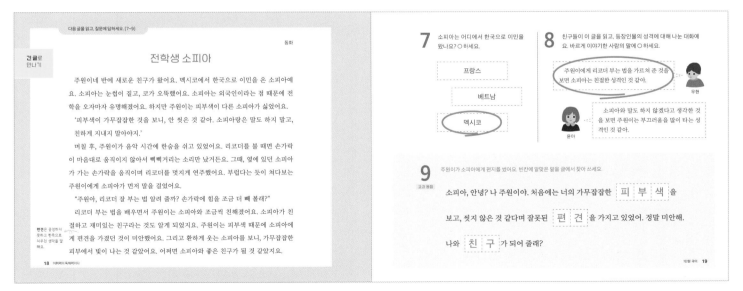

03. 헬렌 켈러를 읽고 / 20~25쪽

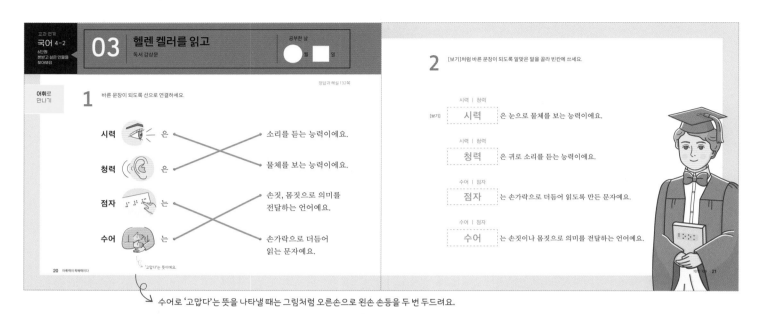

수어로 '고맙다'는 뜻을 나타낼 때는 그림처럼 오른손으로 왼손 손등을 두 번 두드려요.

〈독서 감상문〉

독서 감상문은 책을 읽고 자신의 생각이나 느낌을 쓴 글이에요. 이 글은 『헬렌 켈러』를 읽고 쓴 글이에요.

더 알아보기

손으로 말하는 언어, 수화 언어

수화 언어는 청각 장애가 있어서 소리를 잘 듣지 못하거나, 언어 장애로 인해 말을 할 수 없는 사람들이 사용하는 언어를 말해요. 수어는 손과 손가락의 모양, 손바닥의 방향, 손의 위치, 손의 움직임을 달리 하여 의미를 전달해요. 같은 동작을 하더라도 표정에 따라 의미가 달라지지요.

나라마다 사용하는 언어가 다르듯이, 나라마다 수어도 달라요. 그래서 서로의 수어를 배우지 않는다면, 한국 수어를 사용하는 사람과 미국 수어를 사용하는 사람이 서로 소통하기가 어렵답니다.

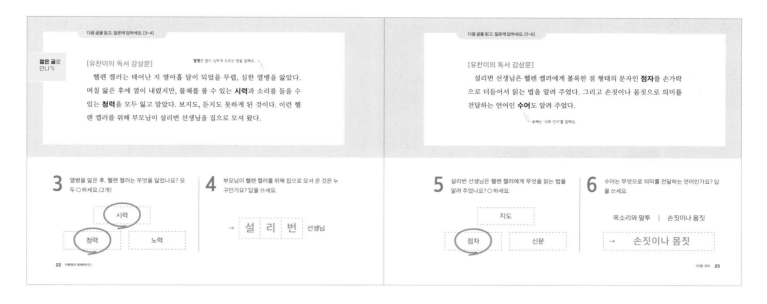

짧은 글로 만나기

[유찬이의 독서 감상문]

열병은 열이 심하게 오르는 병을 말해요.

헬렌 켈러는 태어난 지 열아홉 달이 되었을 무렵, 심한 **열병**을 앓았다. 며칠 앓은 후에 열이 내렸지만, 물체를 볼 수 있는 **시력**과 소리를 들을 수 있는 **청력**을 모두 잃고 말았다. 보지도, 듣지도 못하게 된 것이다. 이런 헬렌 켈러를 위해 부모님이 설리번 선생님을 집으로 모셔 왔다.

3 열병을 앓은 후, 헬렌 켈러는 무엇을 잃었나요? 모두 ○하세요. (2개)

시력 ⟵

청력 ⟵   노력

4 부모님이 헬렌 켈러를 위해 집으로 모셔 온 것은 누구인가요? 답을 쓰세요.

→ 설 리 번 선생님

[유찬이의 독서 감상문]

설리번 선생님은 헬렌 켈러에게 볼록한 점 형태의 문자인 **점자**를 손가락으로 더듬어서 읽는 법을 알려 주었다. 그리고 손짓이나 몸짓으로 의미를 전달하는 언어인 **수어**도 알려 주었다.

수어는 '수화 언어'를 말해요.

5 설리번 선생님은 헬렌 켈러에게 무엇을 읽는 법을 알려 주었나요? ○하세요.

지도

점자 ⟵   신문

6 수어는 무엇으로 의미를 전달하는 언어인가요? 답을 쓰세요.

목소리와 말투 | 손짓이나 몸짓

→ 손짓이나 몸짓

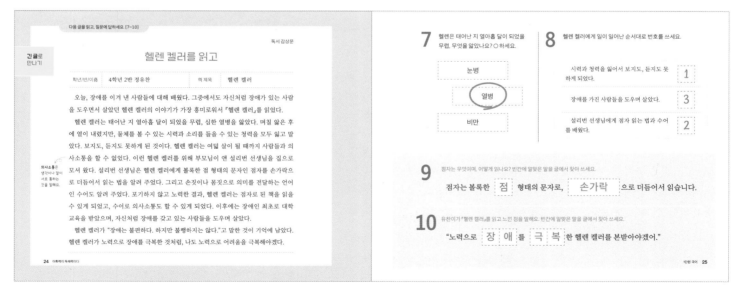

독서 감상문

긴 글로 만나기

헬렌 켈러를 읽고

| 학년/반/이름 | 4학년 2반 정유찬 | 책 제목 | 헬렌 켈러 |

오늘, 장애를 이겨 낸 사람들에 대해 배웠다. 그중에서도 자신처럼 장애가 있는 사람을 도우면서 살았던 헬렌 켈러의 이야기가 가장 흥미로워서 『헬렌 켈러』를 읽었다.

헬렌 켈러는 태어난 지 열아홉 달이 되었을 무렵, 심한 열병을 앓았다. 며칠 앓은 후에 열이 내렸지만, 물체를 볼 수 있는 시력과 소리를 들을 수 있는 청력을 모두 잃고 말았다. 보지도, 듣지도 못하게 된 것이다. 헬렌 켈러는 여덟 살이 될 때까지 사람들과 의사소통을 할 수 없었다. 이런 헬렌 켈러를 위해 부모님이 앤 설리번 선생님을 집으로 모셔 왔다. 설리번 선생님은 헬렌 켈러에게 볼록한 점 형태의 문자인 점자를 손가락으로 더듬어서 읽는 법을 알려 주었다. 그리고 손짓이나 몸짓으로 의미를 전달하는 언어인 수어도 알려 주었다. 포기하지 않고 노력한 결과, 헬렌 켈러는 점자로 된 책을 읽을 수 있게 되었고, 수어로 의사소통도 할 수 있게 되었다. 이후에는 장애인 최초로 대학 교육을 받았으며, 자신처럼 장애를 갖고 있는 사람들을 도우며 살았다.

헬렌 켈러가 "장애는 불편하다. 하지만 불행하지는 않다."고 말한 것이 기억에 남았다. 헬렌 켈러가 노력으로 장애를 극복한 것처럼, 나도 노력으로 어려움을 극복해야겠다.

의사소통은 생각이나 말이 서로 통하는 것을 말해요.

7 헬렌은 태어난 지 열아홉 달이 되었을 무렵, 무엇을 앓았나요? ○하세요.

눈병

열병 ⟵

비만

8 헬렌 켈러에게 일이 일어난 순서대로 번호를 쓰세요.

시력과 청력을 잃어서 보지도, 듣지도 못하게 되었다.	1
장애를 가진 사람들을 도우며 살았다.	3
설리번 선생님에게 점자 읽는 법과 수어를 배웠다.	2

9 점자는 무엇이며, 어떻게 읽나요? 빈칸에 알맞은 말을 글에서 찾아 쓰세요.

점자는 볼록한 점 형태의 문자로, 손가락 으로 더듬어서 읽습니다.

10 유찬이가 『헬렌 켈러』를 읽고 느낀 점을 말해요. 빈칸에 알맞은 말을 글에서 찾아 쓰세요.

"노력으로 장 애 를 극 복 한 헬렌 켈러를 본받아야겠어."

04. 붕어빵 / 26~31쪽

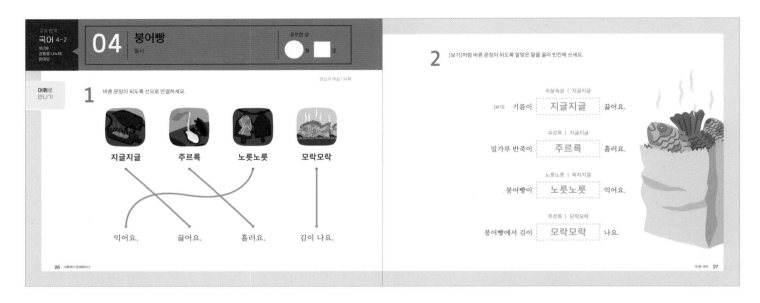

〈동시〉

동시는 어린이가 읽을 것이라고 생각하고, 어린이의 마음을 이야기한 시예요. 이 글은 붕어빵에 대한 동시예요.

 더 알아보기

색을 나타내는 다양한 표현

우리말은 색을 나타내는 표현이 무척 다양해요. 한 가지 색이라고 할지라도, 그 색을 나타내는 표현에는 여러 가지가 있어요. 동시나 문학 작품에서 이러한 표현을 사용하면 장면을 더욱 생생하게 묘사할 수 있어요. 그럼 어떤 다양한 표현이 있는지 알아볼까요?

- **빨갛다** : 발그스름하다, 불그스름하다, 불긋불긋하다 등
- **노랗다** : 샛노랗다, 노릇노릇하다, 누리끼리하다 등
- **파랗다** : 새파랗다, 파릇파릇하다, 푸르스름하다 등
- **하얗다** : 새하얗다, 희끄무레하다, 하야말갛다 등

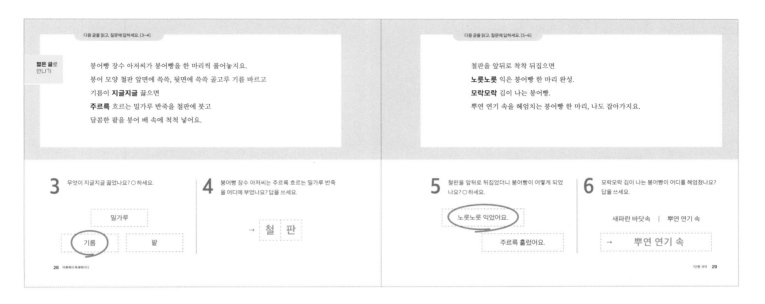

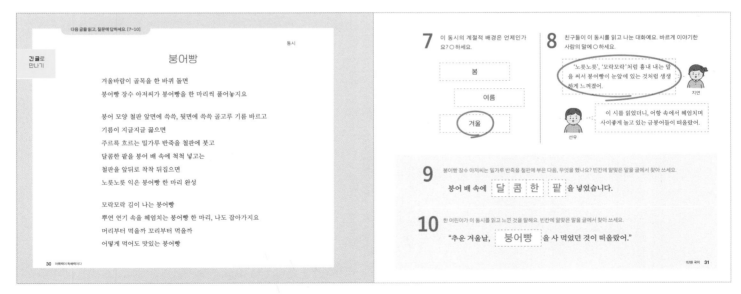

짧은 글로 만나기

다음 글을 읽고, 질문에 답하세요. [3~4]

붕어빵 장수 아저씨가 붕어빵을 한 마리씩 풀어놓지요.
붕어 모양 철판 앞면에 쓱쓱, 뒷면에 쓱쓱 골고루 기름 바르고
기름이 **지글지글** 끓으면
주르륵 흐르는 밀가루 반죽을 철판에 붓고
달콤한 팥을 붕어 배 속에 척척 넣어요.

3 무엇이 지글지글 끓었나요? ○하세요.

밀가루
(기름) ←○
팥

4 붕어빵 장수 아저씨는 주르륵 흐르는 밀가루 반죽을 어디에 부었나요? 답을 쓰세요.

→ 철 판

다음 글을 읽고, 질문에 답하세요. [5~6]

철판을 앞뒤로 착착 뒤집으면
노릇노릇 익은 붕어빵 한 마리 완성.
모락모락 김이 나는 붕어빵.
뿌연 연기 속을 헤엄치는 붕어빵 한 마리, 나도 잡아가지요.

5 철판을 앞뒤로 뒤집었더니 붕어빵이 어떻게 되었나요? ○하세요.

(노릇노릇 익었어요.) ←○

주르륵 흘렀어요.

6 모락모락 김이 나는 붕어빵이 어디를 헤엄쳤나요? 답을 쓰세요.

새파란 바닷속 | 뿌연 연기 속

→ 뿌연 연기 속

긴 글로 만나기

다음 글을 읽고, 질문에 답하세요. [7~10]

동시

붕어빵

겨울바람이 골목을 한 바퀴 돌면
붕어빵 장수 아저씨가 붕어빵을 한 마리씩 풀어놓지요

붕어 모양 철판 앞면에 쓱쓱, 뒷면에 쓱쓱 골고루 기름 바르고
기름이 지글지글 끓으면
주르륵 흐르는 밀가루 반죽을 철판에 붓고
달콤한 팥을 붕어 배 속에 척척 넣고는
철판을 앞뒤로 착착 뒤집으면
노릇노릇 익은 붕어빵 한 마리 완성

모락모락 김이 나는 붕어빵
뿌연 연기 속을 헤엄치는 붕어빵 한 마리, 나도 잡아가지요
머리부터 먹을까 꼬리부터 먹을까
어떻게 먹어도 맛있는 붕어빵

---

7 이 동시의 계절적 배경은 언제인가요? ○하세요.

봄
여름
(겨울) ←○

8 친구들이 이 동시를 읽고 나눈 대화예요. 바르게 이야기한 사람의 말에 ○하세요.

(지연) '노릇노릇', '모락모락'처럼 흉내 내는 말을 써서 붕어빵이 눈앞에 있는 것처럼 생생하게 느껴졌어. ←○

(선우) 이 시를 읽었더니, 어항 속에서 헤엄치며 사이좋게 놀고 있는 금붕어들이 떠올랐어.

9 붕어빵 장수 아저씨는 밀가루 반죽을 철판에 부은 다음, 무엇을 했나요? 빈칸에 알맞은 말을 글에서 찾아 쓰세요.

붕어 배 속에 달 콤 한 팥 을 넣었습니다.

10 한 어린이가 이 동시를 읽고 느낀 것을 말해요. 빈칸에 알맞은 말을 글에서 찾아 쓰세요.

"추운 겨울날, 붕어빵 을 사 먹었던 것이 떠올랐어."

06. 다양한 촌락의 모습 / 38~43쪽

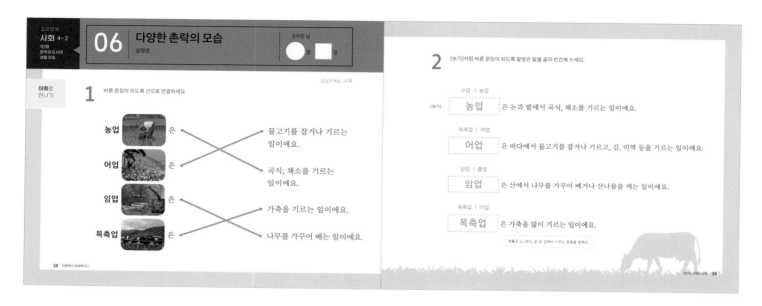

〈설명문〉

설명문은 지식이나 정보를 전달하기 위해 쓴 글이에요. 이 글은 다양한 촌락의 모습을 설명하는 글이에요.

➕ 더 알아보기

주로 도시에서 발달한 산업

주로 자연환경을 이용하며 살아가는 지역을 '촌락'이라고 하고, 사람들이 많이 모여 살고 사회·정치·경제 활동의 중심이 되는 곳은 '도시'라고 해요. 도시에서는 주로 어떤 산업이 발달했을까요?

- **공업** : 기계나 도구로 재료를 가공*해서, 새로운 제품을 만들어 내는 산업이에요.
- **상업** : 생산자와 소비자 사이에서 상품을 사고팔아 이익을 얻는 산업이에요.
- **운송업** : 버스, 배 같은 운송 수단으로 사람이나 물건을 옮겨 주는 산업이에요.

***가공**은 기술이나 힘 등을 이용해서 재료를 새로운 제품으로 만드는 것을 말해요.

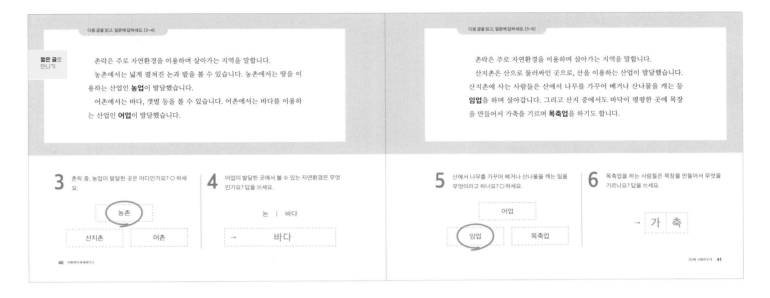

짧은 글로 만나기

촌락은 주로 자연환경을 이용하며 살아가는 지역을 말합니다.

농촌에서는 넓게 펼쳐진 논과 밭을 볼 수 있습니다. 농촌에서는 땅을 이용하는 산업인 **농업**이 발달했습니다.

어촌에서는 바다, 갯벌 등을 볼 수 있습니다. 어촌에서는 바다를 이용하는 산업인 **어업**이 발달했습니다.

3 촌락 중, 농업이 발달한 곳은 어디인가요? ○하세요.

(농촌)

산지촌 | 어촌

4 어업이 발달한 곳에서 볼 수 있는 자연환경은 무엇인가요? 답을 쓰세요.

논 | 바다

→ 바다

촌락은 주로 자연환경을 이용하며 살아가는 지역을 말합니다.

산지촌은 산으로 둘러싸인 곳으로, 산을 이용하는 산업이 발달했습니다. 산지촌에 사는 사람들은 산에서 나무를 가꾸어 베거나 산나물을 캐는 등 **임업**을 하며 살아갑니다. 그리고 산지 중에서도 바닥이 평평한 곳에 목장을 만들어서 가축을 기르며 **목축업**을 하기도 합니다.

5 산에서 나무를 가꾸어 베거나 산나물을 캐는 일을 무엇이라고 하나요? ○하세요.

어업

(임업) | 목축업

6 목축업을 하는 사람들은 목장을 만들어서 무엇을 기르나요? 답을 쓰세요.

→ 가 축

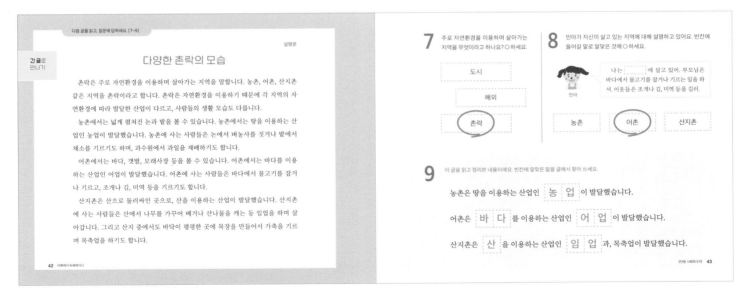

긴 글로 만나기

설명문

다양한 촌락의 모습

촌락은 주로 자연환경을 이용하며 살아가는 지역을 말합니다. 농촌, 어촌, 산지촌 같은 지역을 촌락이라고 합니다. 촌락은 자연환경을 이용하기 때문에 각 지역의 자연환경에 따라 발달한 산업이 다르고, 사람들의 생활 모습도 다릅니다.

농촌에서는 넓게 펼쳐진 논과 밭을 볼 수 있습니다. 농촌에서는 땅을 이용하는 산업인 농업이 발달했습니다. 농촌에 사는 사람들은 논에서 벼농사를 짓거나 밭에서 채소를 기르기도 하며, 과수원에서 과일을 재배하기도 합니다.

어촌에서는 바다, 갯벌, 모래사장 등을 볼 수 있습니다. 어촌에서는 바다를 이용하는 산업인 어업이 발달했습니다. 어촌에 사는 사람들은 바다에서 물고기를 잡거나 기르고, 조개나 김, 미역 등을 기르기도 합니다.

산지촌은 산으로 둘러싸인 곳으로, 산을 이용하는 산업이 발달했습니다. 산지촌에 사는 사람들은 산에서 나무를 가꾸어 베거나 산나물을 캐는 등 임업을 하며 살아갑니다. 그리고 산지 중에서도 바닥이 평평한 곳에 목장을 만들어서 가축을 기르며 목축업을 하기도 합니다.

7 주로 자연환경을 이용하며 살아가는 지역을 무엇이라고 하나요? ○하세요.

도시

해외

(촌락)

8 민아가 자신이 살고 있는 지역에 대해 설명하고 있어요. 빈칸에 들어갈 알로 알맞은 것에 ○하세요.

민아: 나는 ____에 살고 있어. 부모님은 바다에서 물고기를 잡거나 기르는 임을 하셔. 이웃들은 조개나 김, 미역 등을 길러.

농촌 | (어촌) | 산지촌

9 이 글을 읽고 정리한 내용이에요. 빈칸에 알맞은 말을 글에서 찾아 쓰세요.

농촌은 땅을 이용하는 산업인 농 업 이 발달했습니다.

어촌은 바 다 를 이용하는 산업인 어 업 이 발달했습니다.

산지촌은 산 을 이용하는 산업인 임 업 과, 목축업이 발달했습니다.

07. 특산물 박람회에 다녀와서 / 44~49쪽

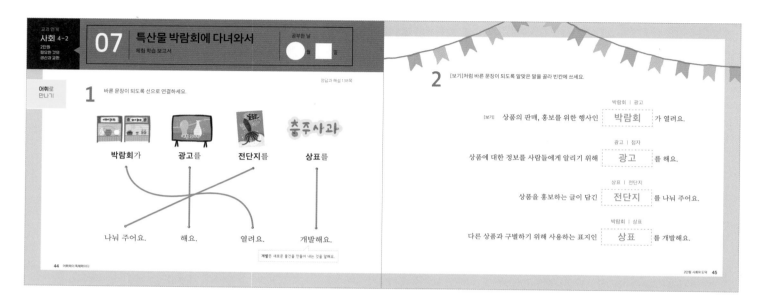

〈체험 학습 보고서〉

체험 학습 보고서는 체험 활동을 다녀온 다음에 쓰는 보고서예요. 이 글은 특산물을 홍보하는 박람회에 다녀온 다음에 쓴 글이에요.

➕ 더 알아보기

각 지역의 특산물

특산물은 자연환경과 관련이 있어요. 지역마다 땅의 생김새, 강수량, 기온, 바람의 세기 등 자연환경이 다르기 때문에 지역별 특산물도 다르지요. 각 지역을 대표하는 특산물은 어떤 것이 있는지 알아볼까요?

- 강원도 인제 - 황태
- 강원도 정선 - 옥수수
- 강원도 횡성 - 한우

- 경상북도 상주 - 곶감
- 경상북도 영덕 - 대게
- 경상북도 영양 - 고추

- 전라남도 나주 - 배
- 전라남도 보성 - 녹차
- 전라남도 영광 - 굴비

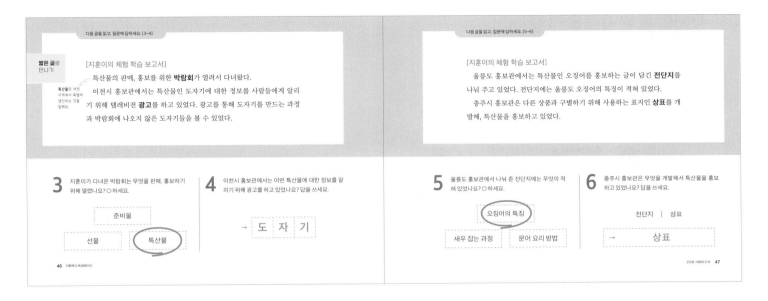

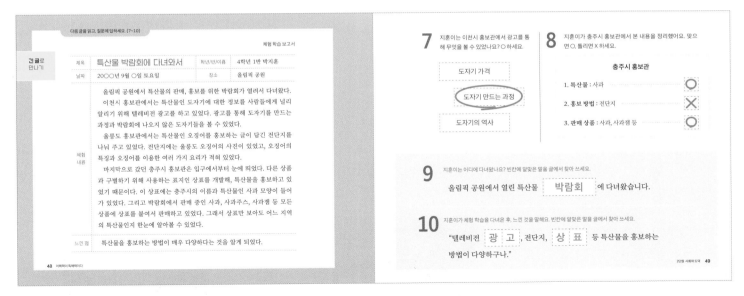

상단 좌측 (46~47쪽)

다음 글을 읽고, 질문에 답하세요. [3~4]

짧은 글로 만나기

[지훈이의 체험 학습 보고서]

특산물의 판매, 홍보를 위한 **박람회**가 열려서 다녀왔다.

이천시 홍보관에서는 특산물인 도자기에 대한 정보를 사람들에게 알리기 위해 텔레비전 **광고**를 하고 있었다. 광고를 통해 도자기를 만드는 과정과 박람회에 나오지 않은 도자기들을 볼 수 있었다.

특산물은 어떤 지역에서 특별히 생산되는 것을 말해요.

3 지훈이가 다녀온 박람회는 무엇을 판매, 홍보하기 위해 열렸나요? ○하세요.

준비물

선물

특산물 ⭕

4 이천시 홍보관에서는 어떤 특산물에 대한 정보를 알리기 위해 광고를 하고 있었나요? 답을 쓰세요.

→ 도 자 기

다음 글을 읽고, 질문에 답하세요. [5~6]

[지훈이의 체험 학습 보고서]

울릉도 홍보관에서는 특산물인 오징어를 홍보하는 글이 담긴 **전단지**를 나눠 주고 있었다. 전단지에는 울릉도 오징어의 특징이 적혀 있었다.

충주시 홍보관은 다른 상품과 구별하기 위해 사용하는 표지인 **상표**를 개발해, 특산물을 홍보하고 있었다.

5 울릉도 홍보관에서 나눠 준 전단지에는 무엇이 적혀 있었나요? ○하세요.

오징어의 특징 ⭕

새우 잡는 과정

문어 요리 방법

6 충주시 홍보관은 무엇을 개발해서 특산물을 홍보하고 있었나요? 답을 쓰세요.

전단지 | 상표

→ 상표

46 어휘력이 독해력이다

2단원 사회와 도덕 47

하단 (48~49쪽)

다음 글을 읽고, 질문에 답하세요. [7~10]

긴 글로 만나기

체험 학습 보고서

| 제목 | 특산물 박람회에 다녀와서 | 학년/반/이름 | 4학년 1반 박지훈 |
| 날짜 | 20○○년 9월 ○일 토요일 | 장소 | 올림픽 공원 |

체험 내용

올림픽 공원에서 특산물의 판매, 홍보를 위한 박람회가 열려서 다녀왔다. 이천시 홍보관에서는 특산물인 도자기에 대한 정보를 사람들에게 널리 알리기 위해 텔레비전 광고를 하고 있었다. 광고를 통해 도자기를 만드는 과정과 박람회에 나오지 않은 도자기들을 볼 수 있었다.

울릉도 홍보관에서는 특산물인 오징어를 홍보하는 글이 담긴 전단지를 나눠 주고 있었다. 전단지에는 울릉도 오징어의 사진이 있었고, 오징어의 특징과 오징어를 이용한 여러 가지 요리가 적혀 있었다.

마지막으로 갔던 충주시 홍보관은 입구에서부터 눈에 띄었다. 다른 상품과 구별하기 위해 사용하는 표지인 상표를 개발해, 특산물을 홍보하고 있었기 때문이다. 이 상표에는 충주시의 이름과 특산물인 사과 모양이 들어가 있었다. 그리고 박람회에서 판매 중인 사과, 사과주스, 사과잼 등 모든 상품에 상표를 붙여서 판매하고 있었다. 그래서 상표만 보아도 어느 지역의 특산물인지 한눈에 알아볼 수 있었다.

느낀 점

특산물을 홍보하는 방법이 매우 다양하다는 것을 알게 되었다.

7 지훈이는 이천시 홍보관에서 광고를 통해 무엇을 볼 수 있었나요? ○하세요.

도자기 가격

도자기 만드는 과정 ⭕

도자기의 역사

8 지훈이가 충주시 홍보관에서 본 내용을 정리했어요. 맞으면 ○, 틀리면 X하세요.

충주시 홍보관

1. 특산물 : 사과 ⭕

2. 홍보 방법 : 전단지 ❌

3. 판매 상품 : 사과, 사과잼 등 ⭕

9 지훈이는 어디에 다녀왔나요? 빈칸에 알맞은 말을 글에서 찾아 쓰세요.

올림픽 공원에서 열린 특산물 박람회 에 다녀왔습니다.

10 지훈이가 체험 학습을 다녀온 후, 느낀 것을 말해요. 빈칸에 알맞은 말을 글에서 찾아 쓰세요.

"텔레비전 광고 , 전단지, 상표 등 특산물을 홍보하는 방법이 다양하구나."

48 어휘력이 독해력이다

2단원 사회와 도덕 49

정답과 해설 **139**

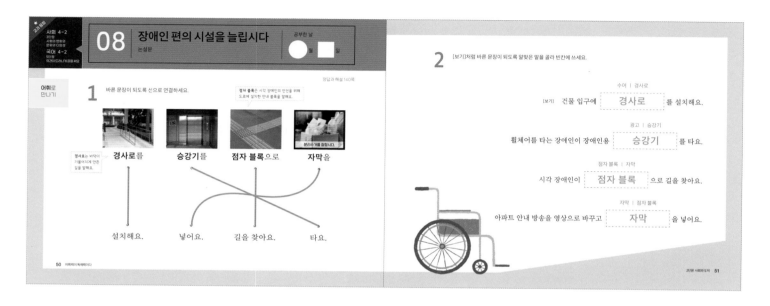

〈논설문〉

논설문은 어떤 주제에 대하여 자기의 생각이나 주장을 체계적으로 밝혀서 쓴 글이에요. 이 글은 아파트에 장애인을 위한 편의 시설을 늘리자고 주장하는 글이에요.

➕ 더 알아보기

주변에서 볼 수 있는 장애인 편의 시설

휠체어 리프트 | 휠체어를 운반하는 기계로, 휠체어를 타는 사람이 계단을 오르내릴 수 있도록 도와주어요.

▲ 휠체어 리프트

장애인 전용 주차 구역 | 걷거나 이동하는 것이 어려운 장애인이 편하게 주차할 수 있도록 만들어진 공간이에요.

▲ 장애인 전용 주차 구역

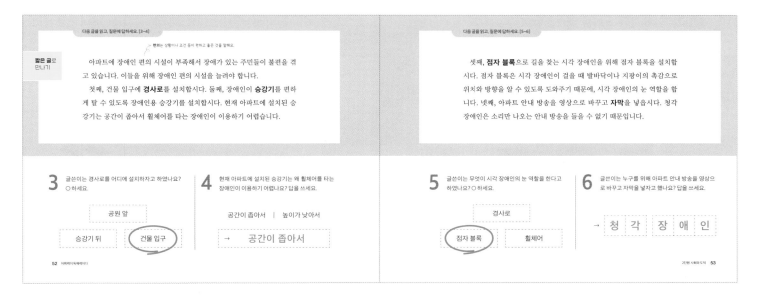

짧은 글로 만나기

편의는 상황이나 조건 등이 편하고 좋은 것을 말해요.

아파트에 장애인 편의 시설이 부족해서 장애가 있는 주민들이 불편을 겪고 있습니다. 이들을 위해 장애인 편의 시설을 늘려야 합니다.

첫째, 건물 입구에 **경사로**를 설치합시다. 둘째, 장애인이 **승강기**를 편하게 탈 수 있도록 장애인용 승강기를 설치합시다. 현재 아파트에 설치된 승강기는 공간이 좁아서 휠체어를 타는 장애인이 이용하기 어렵습니다.

3 글쓴이는 경사로를 어디에 설치하자고 하였나요? ○하세요.

> 공원 앞
> 승강기 뒤   건물 입구

4 현재 아파트에 설치된 승강기는 왜 휠체어를 타는 장애인이 이용하기 어렵나요? 답을 쓰세요.

> 공간이 좁아서 | 높이가 낮아서
>
> → 공간이 좁아서

셋째, **점자 블록**으로 길을 찾는 시각 장애인을 위해 점자 블록을 설치합시다. 점자 블록은 시각 장애인이 걸을 때 발바닥이나 지팡이의 촉감으로 위치와 방향을 알 수 있도록 도와주기 때문에, 시각 장애인의 눈 역할을 합니다. 넷째, 아파트 안내 방송을 영상으로 바꾸고 **자막**을 넣읍시다. 청각 장애인은 소리만 나오는 안내 방송을 들을 수 없기 때문입니다.

5 글쓴이는 무엇이 시각 장애인의 눈 역할을 한다고 하였나요? ○하세요.

> 경사로
> 점자 블록   휠체어

6 글쓴이는 누구를 위해 아파트 안내 방송을 영상으로 바꾸고 자막을 넣자고 했나요? 답을 쓰세요.

> → 청 각 장 애 인

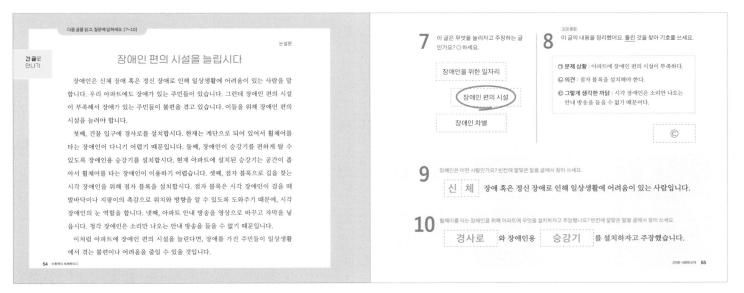

긴 글로 만나기

논설문

장애인 편의 시설을 늘립시다

장애인은 신체 장애 혹은 정신 장애로 인해 일상생활에 어려움이 있는 사람을 말합니다. 우리 아파트에도 장애가 있는 주민들이 있습니다. 그런데 장애인 편의 시설이 부족해서 장애가 있는 주민들이 불편을 겪고 있습니다. 이들을 위해 장애인 편의 시설을 늘려야 합니다.

첫째, 건물 입구에 경사로를 설치합시다. 현재는 계단으로 되어 있어서 휠체어를 타는 장애인이 다니기 어렵기 때문입니다. 둘째, 장애인이 승강기를 편하게 탈 수 있도록 장애인용 승강기를 설치합시다. 현재 아파트에 설치된 승강기는 공간이 좁아서 휠체어를 타는 장애인이 이용하기 어렵습니다. 셋째, 점자 블록으로 길을 찾는 시각 장애인을 위해 점자 블록을 설치합시다. 점자 블록은 시각 장애인이 걸을 때 발바닥이나 지팡이의 촉감으로 위치와 방향을 알 수 있도록 도와주기 때문에, 시각 장애인의 눈 역할을 합니다. 넷째, 아파트 안내 방송을 영상으로 바꾸고 자막을 넣읍시다. 청각 장애인은 소리만 나오는 안내 방송을 들을 수 없기 때문입니다.

이처럼 아파트에 장애인 편의 시설을 늘린다면, 장애를 가진 주민들이 일상생활에서 겪는 불편이나 어려움을 줄일 수 있을 것입니다.

7 이 글은 무엇을 늘리자고 주장하는 글인가요? ○하세요.

> 장애인을 위한 일자리
> 장애인 편의 시설
> 장애인 차별

8 글과 용어 이 글의 내용을 정리했어요. 틀린 것을 찾아 기호를 쓰세요.

> ㉠ **문제 상황** : 아파트에 장애인 편의 시설이 부족하다.
> ㉡ **의견** : 점자 블록을 설치해야 한다.
> ㉢ **그렇게 생각한 까닭** : 시각 장애인은 소리만 나오는 안내 방송을 들을 수 없기 때문이다.
>
> ㉢

9 장애인은 어떤 사람인가요? 빈칸에 알맞은 말을 글에서 찾아 쓰세요.

> 신 체 장애 혹은 정신 장애로 인해 일상생활에 어려움이 있는 사람입니다.

10 휠체어를 타는 장애인을 위해 아파트에 무엇을 설치하자고 주장했나요? 빈칸에 알맞은 말을 글에서 찾아 쓰세요.

> 경사로 와 장애인용 승강기 를 설치하자고 주장했습니다.

09. 태안 앞바다 살리기 / 56~61쪽

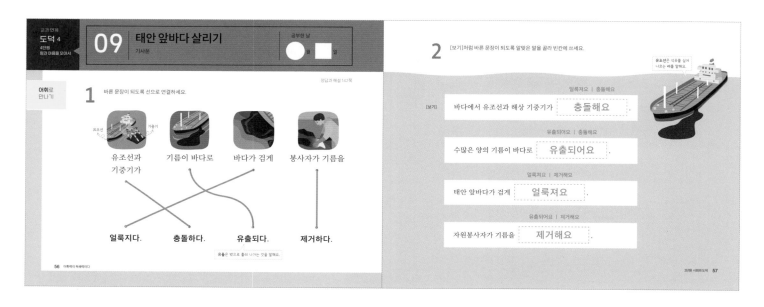

상담과 해설 142쪽

더 알아보기

〈기사문〉

기사문은 보고 들은 사실이나 정보를 객관적으로 전달하는 글이에요. 이 글은 태안 앞바다에서 발생한 기름 유출 사고에 대해 전달하기 위해 쓴 글이에요.

바다에 유출된 기름을 제거하는 방법

바다에 기름이 유출되면 먼저 바다 위에 오일펜스를 설치해요. 오일펜스는 기름이 퍼지지 않도록 막아 주는 도구로, 울타리 모양으로 생겼어요. 기름이 이동하는 방향을 파악하고 빠르게 오일펜스를 설치하면, 바다에 기름이 퍼지는 것을 막을 수 있어요.

그다음, 흡착포 등을 이용해서 물 위에 뜬 기름을 제거해요. 흡착포는 기름을 빨아들이는 천으로, 물은 흡수하지 않고 기름만 빨아들여요.

▲ 오일펜스

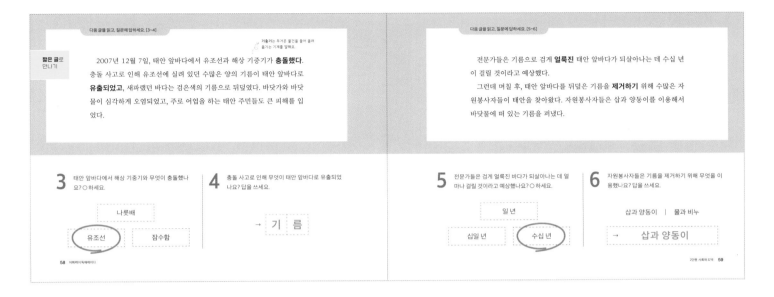

다음 글을 읽고, 질문에 답하세요. [3-4]

짧은 글로 만나기

기중기는 무거운 물건을 들어 올려 옮기는 기계를 말해요.

2007년 12월 7일, 태안 앞바다에서 유조선과 해상 기중기가 **충돌했다**. 충돌 사고로 인해 유조선에 실려 있던 수많은 양의 기름이 태안 앞바다로 **유출되었고**, 새까맸던 바다는 검은색의 기름으로 뒤덮였다. 바닷가와 바닷물이 심각하게 오염되었고, 주로 어업을 하는 태안 주민들도 큰 피해를 입었다.

3 태안 앞바다에서 해상 기중기와 무엇이 충돌했나요? ○하세요.

나룻배

(유조선) 잠수함

4 충돌 사고로 인해 무엇이 태안 앞바다로 유출되었나요? 답을 쓰세요.

→ 기름

다음 글을 읽고, 질문에 답하세요. [5-6]

전문가들은 기름으로 검게 **얼룩진** 태안 앞바다가 되살아나는 데 수십 년이 걸릴 것이라고 예상했다.

그런데 며칠 후, 태안 앞바다를 뒤덮은 기름을 **제거하기** 위해 수많은 자원봉사자들이 태안을 찾아왔다. 자원봉사자들은 삽과 양동이를 이용해서 바닷물에 떠 있는 기름을 퍼냈다.

5 전문가들은 검게 얼룩진 바다가 되살아나는 데 얼마나 걸릴 것이라고 예상했나요? ○하세요.

일 년

십일 년 (수십 년)

6 자원봉사자들은 기름을 제거하기 위해 무엇을 이용했나요? 답을 쓰세요.

삽과 양동이 | 물과 비누

→ 삽과 양동이

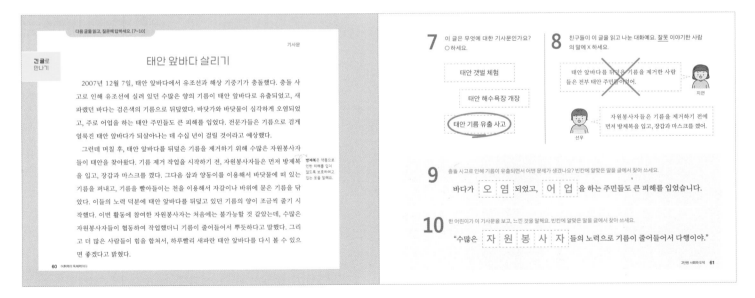

다음 글을 읽고, 질문에 답하세요. [7-10]

긴 글로 만나기

기사문

태안 앞바다 살리기

2007년 12월 7일, 태안 앞바다에서 유조선과 해상 기중기가 충돌했다. 충돌 사고로 인해 유조선에 실려 있던 수많은 양의 기름이 태안 앞바다로 유출되었고, 새파랬던 바다는 검은색의 기름으로 뒤덮였다. 바닷가와 바닷물이 심각하게 오염되었고, 주로 어업을 하는 태안 주민들도 큰 피해를 입었다. 전문가들은 기름으로 검게 얼룩진 태안 앞바다가 되살아나는 데 수십 년이 걸릴 것이라고 예상했다.

그런데 며칠 후, 태안 앞바다를 뒤덮은 기름을 제거하기 위해 수많은 자원봉사자들이 태안을 찾아왔다. 기름 제거 작업을 시작하기 전, 자원봉사자들은 먼저 방제복을 입고, 장갑과 마스크를 꼈다. 그다음 삽과 양동이를 이용해서 바닷물에 떠 있는 기름을 퍼내고, 기름을 빨아들이는 천을 이용해서 자갈이나 바위에 묻은 기름을 닦았다. 이들의 노력 덕분에 태안 앞바다를 뒤덮고 있던 기름의 양이 조금씩 줄기 시작했다. 이번 활동에 참여한 자원봉사자는 처음에는 불가능할 것 같았는데, 수많은 자원봉사자들이 협동하여 작업했더니 기름이 줄어들어서 뿌듯하다고 말했다. 그리고 더 많은 사람들이 힘을 합쳐서, 하루빨리 새파란 태안 앞바다를 다시 볼 수 있으면 좋겠다고 밝혔다.

방제복은 약품으로 인한 피해를 입지 않도록 보호하려고 입는 옷을 말해요.

7 이 글은 무엇에 대한 기사문인가요? ○하세요.

태안 갯벌 체험

태안 해수욕장 개장

(태안 기름 유출 사고)

8 친구들이 이 글을 읽고 나눈 대화예요. 잘못 이야기한 사람의 말에 X 하세요.

지연: 태안 앞바다를 뒤덮은 기름을 제거한 사람들은 전부 태안 주민들이었어. (X)

선우: 자원봉사자들은 기름을 제거하기 전에 먼저 방제복을 입고, 장갑과 마스크를 꼈어.

9 충돌 사고로 인해 기름이 유출되면서 어떤 문제가 생겼나요? 빈칸에 알맞은 말을 글에서 찾아 쓰세요.

바다가 오 염 되었고, 어 업 을 하는 주민들도 큰 피해를 입었습니다.

10 한 어린이가 이 기사문을 보고, 느낀 것을 말해요. 빈칸에 알맞은 말을 글에서 찾아 쓰세요.

"수많은 자 원 봉 사 자 들의 노력으로 기름이 줄어들어서 다행이야."

11. 폼페이, 최후의 날 / 68~73쪽

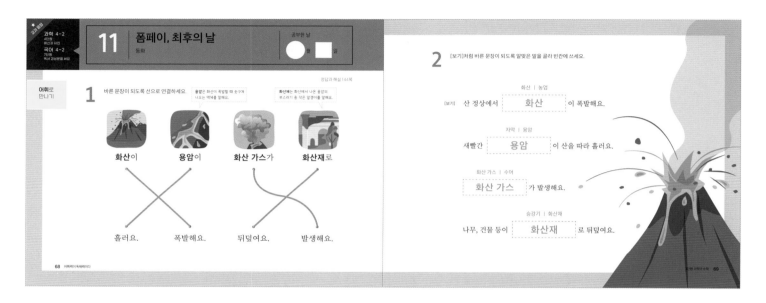

〈동화〉

동화는 글쓴이가 있음 직한 이야기를 상상하여 어린이를 위해서 쓴 글이에요. 이 글은 폼페이에서 발생한 화산 폭발에 대한 이야기예요.

 더 알아보기

화산 활동이 생활에 미치는 영향

화산 활동은 우리 생활에 어떤 영향을 미칠까요? 먼저, 화산 활동은 우리 생활에 피해를 주어요. 산사태나 지진이 일어나기도 하고, 용암이 흘러 산불이 나기도 해요. 화산재로 인해 물이 오염되기도 하고, 화산재가 햇빛을 가려서 동식물이 피해를 입기도 하지요.

하지만 화산 활동은 우리 생활에 도움을 주기도 해요. 화산 활동으로 인해 발생한 화산재에는 영양분이 많아서, 오랜 시간이 지나면 화산 주변의 땅을 기름지게 하고 농작물이 잘 자라도록 도와주어요. 그리고 화산 주변 땅속의 열을 이용해 전기를 얻을 수도 있어요.

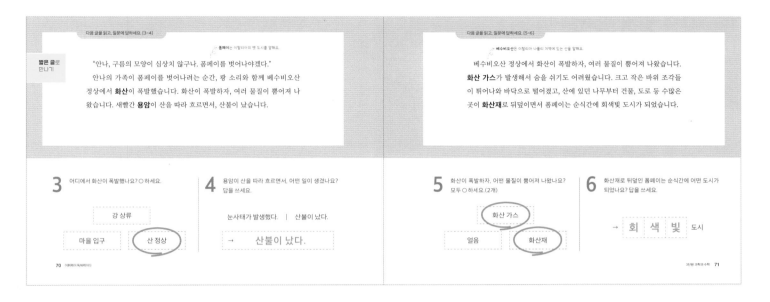

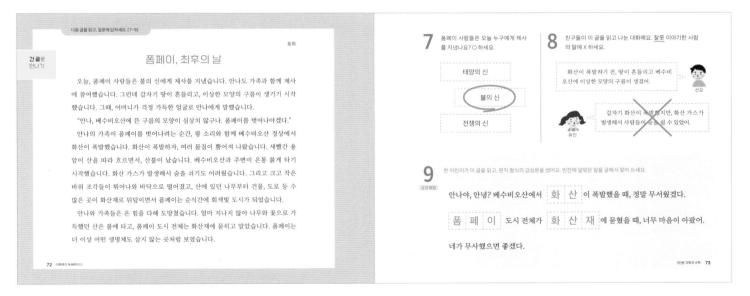

12. 지진이 발생했어요 / 74~79쪽

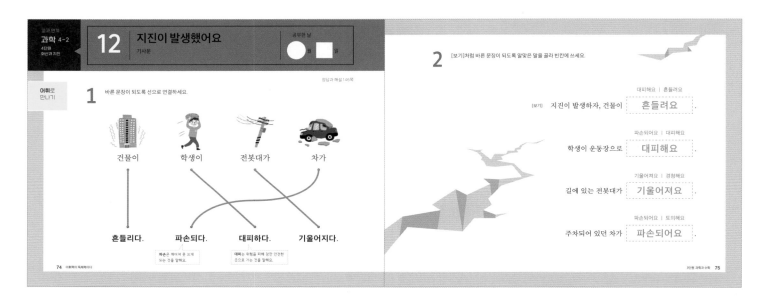

〈기사문〉

기사문은 보고 들은 사실이나 정보를 객관적으로 전달하는 글이에요. 이 글은 포항에서 발생한 지진에 대해 전달하기 위해 쓴 글이에요.

 더 알아보기

지진이 발생했을 때 대처 방법

- 식탁이나 책상 밑으로 들어가 몸을 보호하고, 책이나 가방 등으로 머리를 보호해요.
- 불이 날 수 있기 때문에 가스 밸브를 잠그고, 전깃불을 꺼요.
- 언제든 대피할 수 있도록 문이나 창문을 열어 두어요.
- 유리 조각이나 떨어진 물건 때문에 발을 다칠 수 있기 때문에 신발을 신어요.

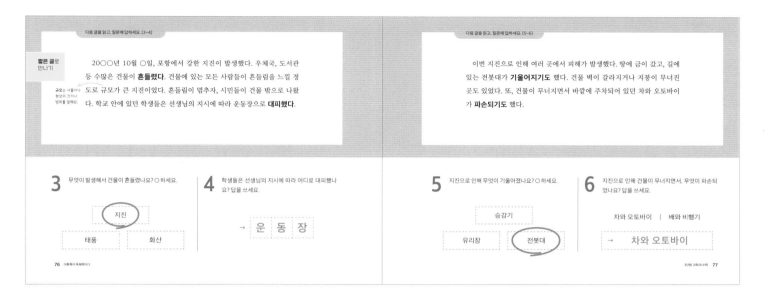

다음 글을 읽고, 질문에 답하세요. [3-4]

짧은 글로 만나기

20○○년 10월 ○일, 포항에서 강한 지진이 발생했다. 우체국, 도서관 등 수많은 건물이 **흔들렸다**. 건물에 있는 모든 사람들이 흔들림을 느낄 정 도로 규모가 큰 지진이었다. 흔들림이 멈추자, 시민들이 건물 밖으로 나왔 다. 학교 안에 있던 학생들은 선생님의 지시에 따라 운동장으로 **대피했다**.

규모는 사물이나 현상의 크기나 범위를 말해요.

3 무엇이 발생해서 건물이 흔들렸나요? ○ 하세요.

(지진)

태풍 | 화산

76 어휘력이 독해력이다

다음 글을 읽고, 질문에 답하세요. [5-6]

이번 지진으로 인해 여러 곳에서 피해가 발생했다. 땅에 금이 갔고, 길에 있는 전봇대가 **기울어지기도** 했다. 건물 벽이 갈라지거나 지붕이 무너진 곳도 있었다. 또, 건물이 무너지면서 바깥에 주차되어 있던 차와 오토바이 가 **파손되기도** 했다.

4 학생들은 선생님의 지시에 따라 어디로 대피했나 요? 답을 쓰세요.

→ 운 동 장

5 지진으로 인해 무엇이 기울어졌나요? ○ 하세요.

승강기

유리창 | (전봇대)

6 지진으로 인해 건물이 무너지면서, 무엇이 파손되 었나요? 답을 쓰세요.

차와 오토바이 | 배와 비행기

→ 차와 오토바이

77 3단원 과학과 수학

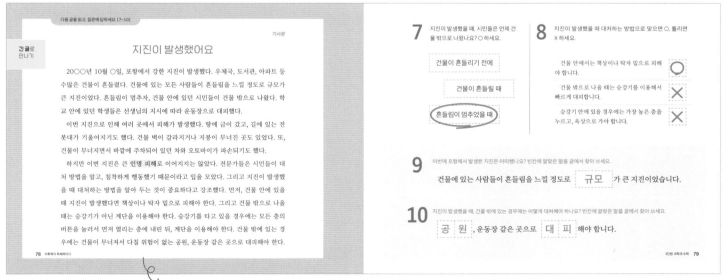

다음 글을 읽고, 질문에 답하세요. [7-10]

긴 글로 만나기

기사문

지진이 발생했어요

20○○년 10월 ○일, 포항에서 강한 지진이 발생했다. 우체국, 도서관, 아파트 등 수많은 건물이 흔들렸다. 건물에 있는 모든 사람들이 흔들림을 느낄 정도로 규모가 큰 지진이었다. 흔들림이 멈추자, 건물 안에 있던 시민들이 건물 밖으로 나왔다. 학 교 안에 있던 학생들은 선생님의 지시에 따라 운동장으로 대피했다.

이번 지진으로 인해 여러 곳에서 피해가 발생했다. 땅에 금이 갔고, 길에 있는 전 봇대가 기울어지기도 했다. 건물 벽이 갈라지거나 지붕이 무너진 곳도 있었다. 또, 건물이 무너지면서 바깥에 주차되어 있던 차와 오토바이가 파손되기도 했다.

하지만 이번 지진은 큰 **인명 피해**로 이어지지는 않았다. 전문가들은 시민들이 대 처 방법을 알고, 침착하게 행동했기 때문이라고 입을 모았다. 그리고 지진이 발생했 을 때 대처하는 방법을 알아 두는 것이 중요하다고 강조했다. 먼저, 건물 안에 있을 때 지진이 발생했다면 책상이나 탁자 밑으로 피해야 한다. 그리고 건물 밖으로 나올 때는 승강기가 아닌 계단을 이용해야 한다. 승강기를 타고 있을 경우에는 모든 층의 버튼을 눌러서 먼저 열리는 층에 내린 뒤, 계단을 이용해야 한다. 건물 밖에 있는 경 우에는 건물이 무너져서 다칠 위험이 없는 공원, 운동장 같은 곳으로 대피해야 한다.

78 어휘력이 독해력이다

7 지진이 발생했을 때, 시민들은 언제 건 물 밖으로 나왔나요? ○ 하세요.

건물이 흔들리기 전에

건물이 흔들릴 때

(흔들림이 멈추었을 때)

8 지진이 발생했을 때 대처하는 방법으로 맞으면 ○, 틀리면 X 하세요.

건물 안에서는 책상이나 탁자 밑으로 피해 야 합니다. ○

건물 밖으로 나올 때는 승강기를 이용해서 빠르게 대피합니다. X

승강기 안에 있을 경우에는 가장 높은 층을 누르고, 옥상으로 가야 합니다. X

9 이번에 포항에서 발생한 지진은 어떠했나요? 빈칸에 알맞은 말을 글에서 찾아 쓰세요.

건물에 있는 사람들이 흔들림을 느낄 정도로 규모 가 큰 지진이었습니다.

10 지진이 발생했을 때, 건물 밖에 있는 경우에는 어떻게 대처해야 하나요? 빈칸에 알맞은 말을 글에서 찾아 쓰세요.

공 원 , 운동장 같은 곳으로 대 피 해야 합니다.

79 3단원 과학과 수학

인명 피해는 자연재해나 사고로 사람이 생명을 잃거나 다치는 것을 말해요.

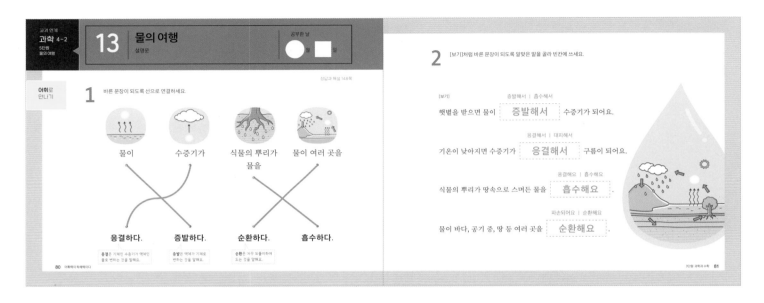

13. 물의 여행 / 80~85쪽

〈설명문〉

설명문은 지식이나 정보를 전달하기 위해 쓴 글이에요. 이 글은 물의 순환에 대해 설명하는 글이에요.

＋ 더 알아보기

다양한 모양의 구름

하늘로 올라간 수증기가 응결하면 작은 물방울이나 얼음 알갱이 상태로 떠 있는데, 이것이 바로 구름이에요.

구름은 여러 가지 모양이 있어요. '새털구름'은 하얀 줄무늬 모양의 구름으로, 새털처럼 생겼어요. 날씨가 맑다가 흐려지기 시작할 때 나타나지요. '비늘구름'은 작은 덩어리가 흩어져 있는 모양의 구름으로, 물결이나 비늘처럼 생겼어요. 주로 비가 오기 전에 나타나는 구름이에요.

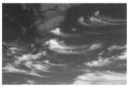

▲ 새털구름

▲ 비늘구름

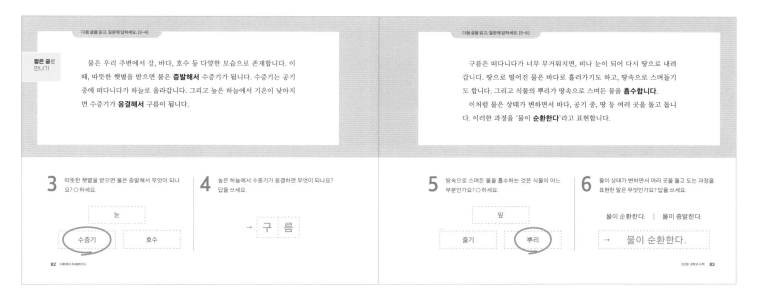

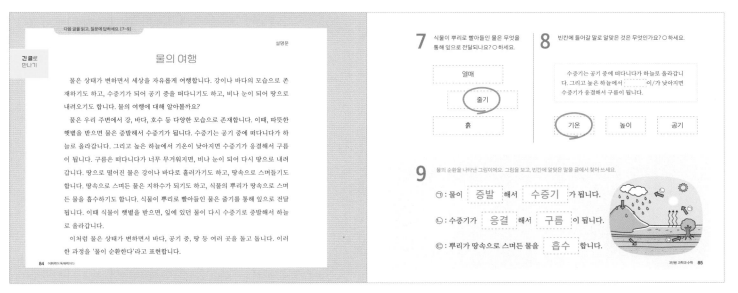

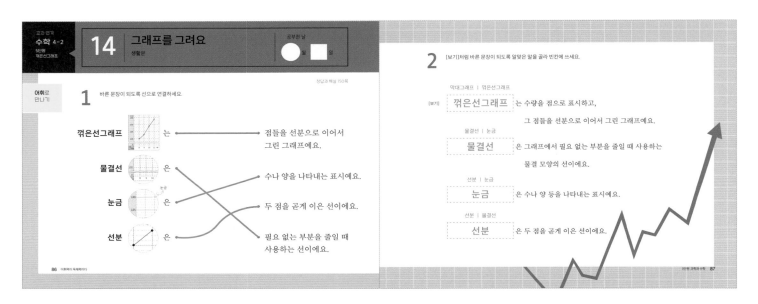

〈생활문〉

생활문은 일상생활에서 겪은 일을 중심으로 쓴 글이에요. 이 글은 유찬이가 자신의 키에 어떤 변화가 생겼는지 알기 위해 꺾은선그래프를 그려 본 날에 대한 글이에요.

 더 알아보기

꺾은선그래프와 막대그래프

꺾은선그래프 ┃ 조사한 수량을 점으로 표시하고, 그 점들을 선분으로 이은 그래프예요. 시간에 따른 변화를 한눈에 볼 수 있어요.

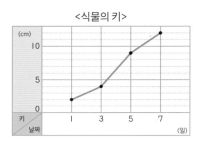

막대그래프 ┃ 조사한 수를 막대로 나타낸 그래프예요. 수량의 많고 적음을 한눈에 비교할 수 있어요.

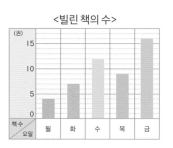

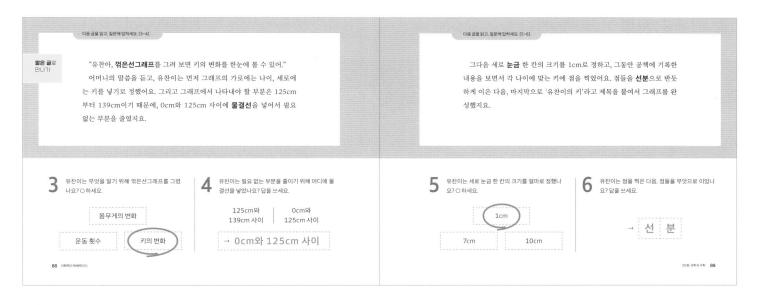

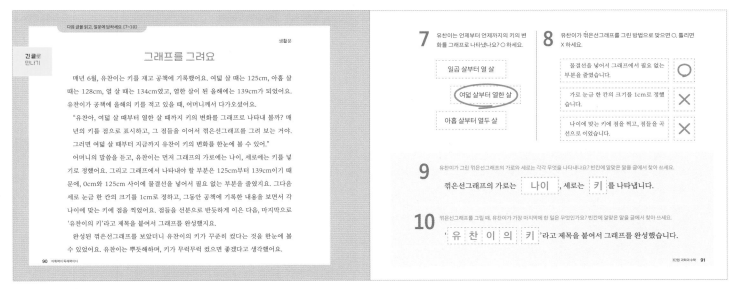

16. 미술 전시회 / 98~103쪽

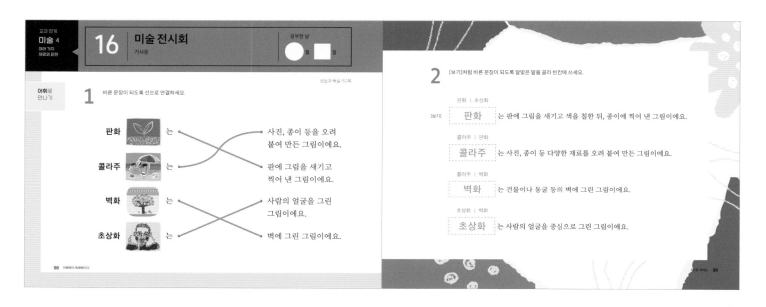

〈기사문〉

기사문은 보고 들은 사실이나 정보를 객관적으로 전달하는 글이에요. 이 글은 대한 초등학교에서 열린 미술 전시회에 대해 쓴 글이에요.

➕ 더 알아보기

우드록 판화 만드는 방법

❶ 우드록에 밑그림을 그려요.

❷ 뾰족한 물체로 밑그림을 따라 그리면서 우드록에 눌러 새겨요.

❸ 우드록 위에 물감을 발라요.

❹ 종이를 덮고, 물감이 고르게 묻을 수 있도록 손으로 문질러요.

❺ 종이를 떼어 내면, 우드록 판화가 완성되어요.

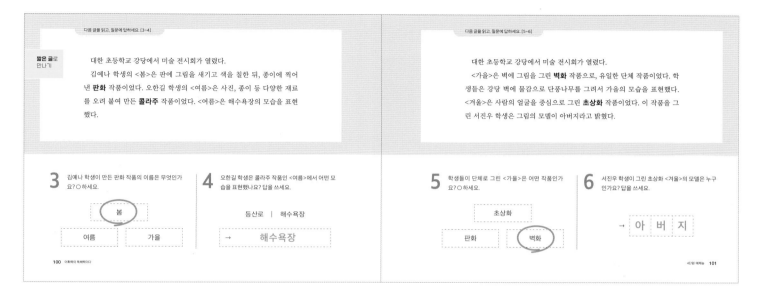

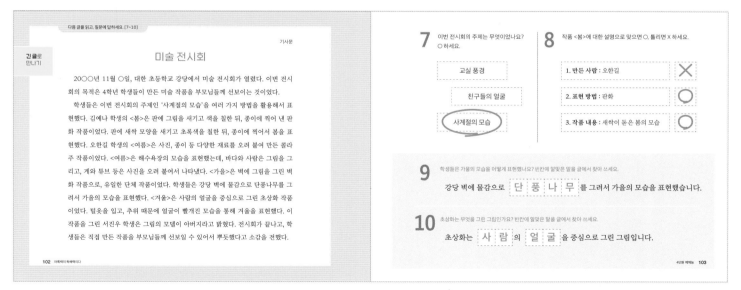

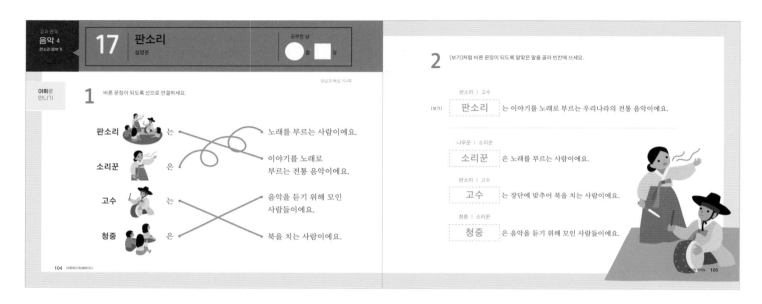

〈설명문〉

설명문은 지식이나 정보를 전달하기 위해 쓴 글이에요. 이 글은 우리나라의 전통 음악인 판소리를 설명하는 글이에요.

 더 알아보기

판소리 다섯 마당

판소리에서는 작품 하나를 '한 마당'이라고 해요. 판소리는 원래 열두 마당이 있었지만, 지금은 그 중에서 다섯 마당만 전해 내려오고 있어요.

- **춘향가** : 양반인 몽룡과 기생의 딸인 춘향의 신분을 뛰어넘은 사랑을 그린 판소리예요.
- **심청가** : 효녀 심청이 자신을 희생하여 아버지의 눈을 뜨게 하는 내용의 판소리예요.
- **흥부가** : 욕심 많은 형 놀부와 착한 동생 흥부에 관한 판소리예요.
- **수궁가** : 자라가 용왕의 병을 고치기 위해 토끼를 용궁으로 데려가는 내용의 판소리예요.
- **적벽가** : 중국 소설 『삼국지연의』 중 '적벽대전' 부분을 중심으로 재구성한 내용의 판소리예요.

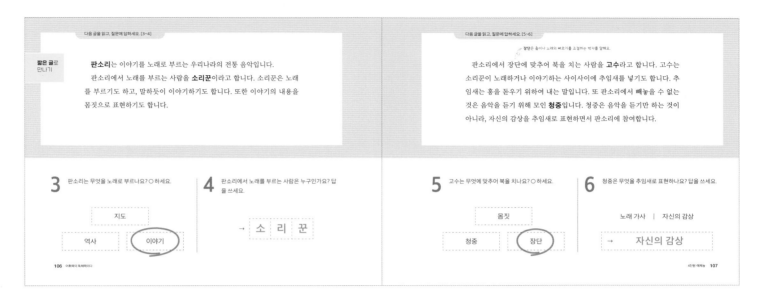

다음 글을 읽고, 질문에 답하세요. [3~4]

짧은 글로 만나기

판소리는 이야기를 노래로 부르는 우리나라의 전통 음악입니다. 판소리에서 노래를 부르는 사람을 **소리꾼**이라고 합니다. 소리꾼은 노래를 부르기도 하고, 말하듯이 이야기하기도 합니다. 또한 이야기의 내용을 몸짓으로 표현하기도 합니다.

3 판소리는 무엇을 노래로 부르나요? ○하세요.

지도

역사   (이야기)

4 판소리에서 노래를 부르는 사람은 누구인가요? 답을 쓰세요.

→ 소 리 꾼

106 어휘력이 독해력이다

다음 글을 읽고, 질문에 답하세요. [5~6]

장단은 춤이나 노래의 빠르기를 조절하는 박자를 말해요.

판소리에서 장단에 맞추어 북을 치는 사람을 **고수**라고 합니다. 고수는 소리꾼이 노래하거나 이야기하는 사이사이에 추임새를 넣기도 합니다. 추임새는 흥을 돋우기 위하여 내는 말입니다. 또 판소리에서 빼놓을 수 없는 것은 음악을 듣기 위해 모인 **청중**입니다. 청중은 음악을 듣기만 하는 것이 아니라, 자신의 감상을 추임새로 표현하면서 판소리에 참여합니다.

5 고수는 무엇에 맞추어 북을 치나요? ○하세요.

몸짓

청중   (장단)

6 청중은 무엇을 추임새로 표현하나요? 답을 쓰세요.

노래 가사 | 자신의 감상

→ 자신의 감상

4단원 예제능 107

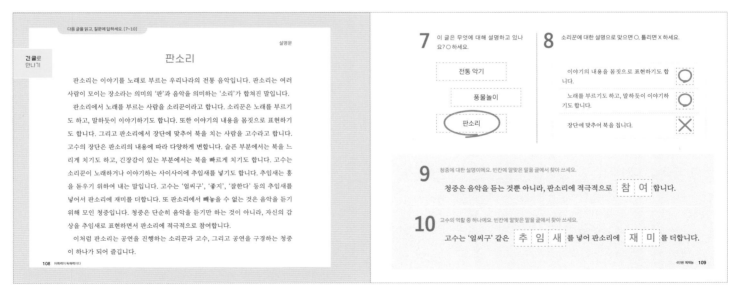

다음 글을 읽고, 질문에 답하세요. [7~10]

설명문

긴 글로 만나기

판소리

판소리는 이야기를 노래로 부르는 우리나라의 전통 음악입니다. 판소리는 여러 사람이 모이는 장소라는 의미의 '판'과 음악을 의미하는 '소리'가 합쳐진 말입니다.

판소리에서 노래를 부르는 사람을 소리꾼이라고 합니다. 소리꾼은 노래를 부르기도 하고, 말하듯이 이야기하기도 합니다. 또한 이야기의 내용을 몸짓으로 표현하기도 합니다. 그리고 판소리에서 장단에 맞추어 북을 치는 사람을 고수라고 합니다. 고수의 장단은 판소리의 내용에 따라 다양하게 변합니다. 슬픈 부분에서는 북을 느리게 치기도 하고, 긴장감이 있는 부분에서는 북을 빠르게 치기도 합니다. 고수는 소리꾼이 노래하거나 이야기하는 사이사이에 추임새를 넣기도 합니다. 추임새는 흥을 돋우기 위하여 내는 말입니다. 고수는 '얼씨구', '좋지', '잘한다' 등의 추임새를 넣어서 판소리에 재미를 더합니다. 또 판소리에서 빼놓을 수 없는 것은 음악을 듣기 위해 모인 청중입니다. 청중은 단순히 음악을 듣기만 하는 것이 아니라, 자신의 감상을 추임새로 표현하면서 판소리에 적극적으로 참여합니다.

이처럼 판소리는 공연을 진행하는 소리꾼과 고수, 그리고 공연을 구경하는 청중이 하나가 되어 즐깁니다.

108 어휘력이 독해력이다

7 이 글은 무엇에 대해 설명하고 있나요? ○하세요.

전통 악기

풍물놀이

(판소리)

8 소리꾼에 대한 설명으로 맞으면 ○, 틀리면 X 하세요.

이야기의 내용을 몸짓으로 표현하기도 합니다. ○

노래를 부르기도 하고, 말하듯이 이야기하기도 합니다. ○

장단에 맞추어 북을 칩니다. X

9 청중에 대한 설명이에요. 빈칸에 알맞은 말을 글에서 찾아 쓰세요.

청중은 음악을 듣는 것뿐 아니라, 판소리에 적극적으로 참 여 합니다.

10 고수의 역할 중 하나예요. 빈칸에 알맞은 말을 글에서 찾아 쓰세요.

고수는 '얼씨구' 같은 추 임 새 를 넣어 판소리에 재 미 를 더합니다.

4단원 예제능 109

정답과 해설 **155**

18. 민속놀이 축제에 다녀와서 / 110~115쪽

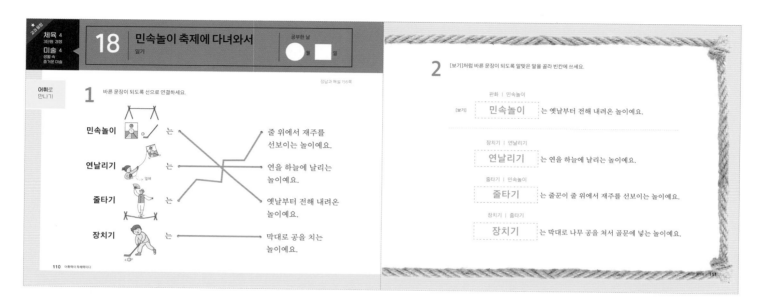

〈일기〉

일기는 그날 있었던 일 중에서 인상 깊었던 일과 그 일에 대한 생각이나 느낌을 쓴 글이에요. 이 글은 민경이가 가족과 함께 민속놀이 축제에 다녀온 날에 쓴 일기예요.

✚ 더 알아보기

다양한 모양의 연

◀ 가오리연

마름모 모양의 연으로, 꼬리를 길게 붙여서 만들어요. '가오리'라는 물고기를 닮아서 가오리연이라고 불러요.

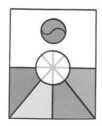

◀ 방패연

직사각형 모양의 연으로, 가운데 바람이 통하는 구멍이 있어요. 방패 모양을 닮아서 방패연이라고 불러요.

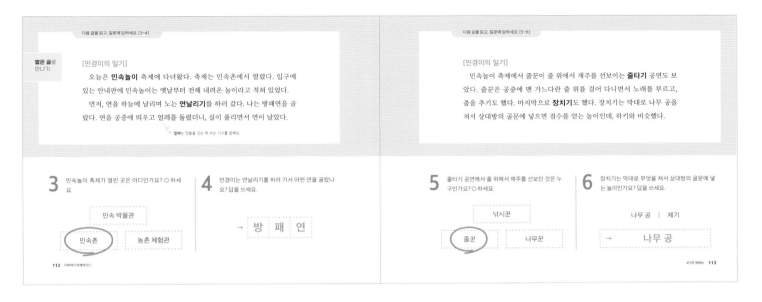

짧은 글로 만나기

[민경이의 일기]

오늘은 **민속놀이** 축제에 다녀왔다. 축제는 민속촌에서 열렸다. 입구에 있는 안내판에 민속놀이는 옛날부터 전해 내려온 놀이라고 적혀 있었다.

먼저, 연을 하늘에 날리며 노는 **연날리기**를 하러 갔다. 나는 방패연을 골랐다. 연을 공중에 띄우고 얼레를 돌렸더니, 실이 풀리면서 연이 날았다.

*얼레는 연줄을 감는 데 쓰는 기구를 말해요.

3 민속놀이 축제가 열린 곳은 어디인가요? ○ 하세요.

민속 박물관

(민속촌)

농촌 체험관

4 민경이는 연날리기를 하러 가서 어떤 연을 골랐나요? 답을 쓰세요.

→ 방 패 연

112 어휘력이 독해력이다

[민경이의 일기]

민속놀이 축제에서 줄꾼이 줄 위에서 재주를 선보이는 **줄타기** 공연도 보았다. 줄꾼은 공중에 맨 가느다란 줄 위를 걸어 다니면서 노래를 부르고, 춤을 추기도 했다. 마지막으로 **장치기**도 했다. 장치기는 막대로 나무 공을 쳐서 상대방의 골문에 넣으면 점수를 얻는 놀이인데, 하키와 비슷했다.

5 줄타기 공연에서 줄 위에서 재주를 선보인 것은 누구인가요? ○ 하세요.

낚시꾼

(줄꾼)

나무꾼

6 장치기는 막대로 무엇을 쳐서 상대방의 골문에 넣는 놀이인가요? 답을 쓰세요.

나무 공 | 제기

→ 나무 공

4단원 예체능 113

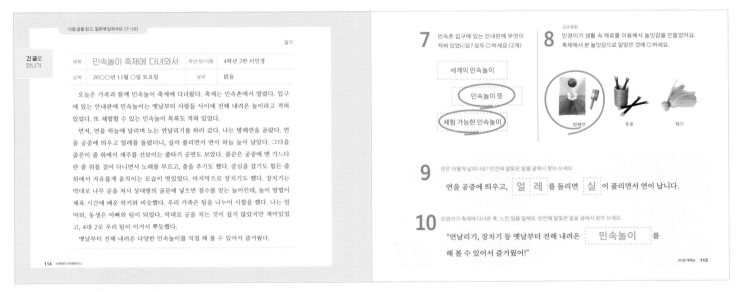

긴 글로 만나기

일기

제목	민속놀이 축제에 다녀와서	학년/반/이름	4학년 2반 이민경
날짜	20○○년 11월 ○일 토요일	날씨	맑음

오늘은 가족과 함께 민속놀이 축제에 다녀왔다. 축제는 민속촌에서 열렸다. 입구에 있는 안내판에 민속놀이는 옛날부터 사람들 사이에 전해 내려온 놀이라고 적혀 있었다. 또 체험할 수 있는 민속놀이 목록도 적혀 있었다.

먼저, 연을 하늘에 날리며 노는 연날리기를 하러 갔다. 나는 방패연을 골랐다. 연을 공중에 띄우고 얼레를 돌렸더니, 실이 풀리면서 연이 하늘 높이 날았다. 그다음 줄꾼이 줄 위에서 재주를 선보이는 줄타기 공연도 보았다. 줄꾼은 공중에 맨 가느다란 줄 위를 걸어 다니면서 노래를 부르고, 춤을 추기도 했다. 중심을 잡기도 힘든 줄 위에서 자유롭게 움직이는 모습이 멋있었다. 마지막으로 장치기도 했다. 장치기는 막대로 나무 공을 쳐서 상대방의 골문에 넣으면 점수를 얻는 놀이인데 체육 시간에 배운 하키와 비슷했다. 우리 가족은 팀을 나누어 시합을 했다. 나는 엄마와, 동생은 아빠와 팀이 되었다. 막대로 공을 치는 것이 쉽지 않았지만 재미있었고, 4대 2로 우리 팀이 이겨서 뿌듯했다.

옛날부터 전해 내려온 다양한 민속놀이를 직접 해 볼 수 있어서 즐거웠다.

114 어휘력이 독해력이다

7 민속촌 입구에 있는 안내판에 무엇이 적혀 있나요? 모두 ○ 하세요. (2개)

세계의 민속놀이

(민속놀이 뜻)

(체험 가능한 민속놀이)

8 민경이가 생활 속 재료를 이용해서 놀잇감을 만들었어요. 축제에서 본 놀잇감으로 알맞은 것에 ○ 하세요.

교과융합

(방패연)   투호   제기

9 연은 어떻게 날리나요? 빈칸에 알맞은 말을 글에서 찾아 쓰세요.

연을 공중에 띄우고, 얼 레 를 돌리면 실 이 풀리면서 연이 납니다.

10 민경이가 축제에 다녀온 후, 느낀 점을 말해요. 빈칸에 알맞은 말을 글에서 찾아 쓰세요.

"연날리기, 장치기 등 옛날부터 전해 내려온 민속놀이 를 해 볼 수 있어서 즐거웠어!"

4단원 예체능 115

19. 자전거 안전하게 타기 / 116~121쪽

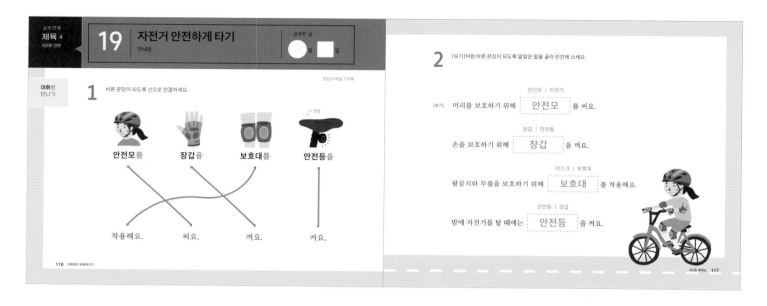

〈안내문〉

안내문은 어떤 내용을 다른 사람에게 알려 주기 위해 쓴 글이에요. 이 글은 자전거를 안전하게 탈 수 있는 방법에 대해 알려 주는 글이에요.

➕ 더 알아보기

자전거 교통 표지판

자동차를 탈 때처럼 자전거를 탈 때에도 표지판을 보고, 그에 맞게 운전해야 해요.

자전거 및 보행자 겸용 도로 | 자전거와 도로를 걷는 보행자가 함께 이용할 수 있는 도로로, 보행자에게 피해가 가지 않도록 안전하게 운전해야 해요.

자전거 통행 금지 | 자전거가 지나다닐 수 없는 곳으로, 이곳에서는 자전거를 이용할 수 없어요.

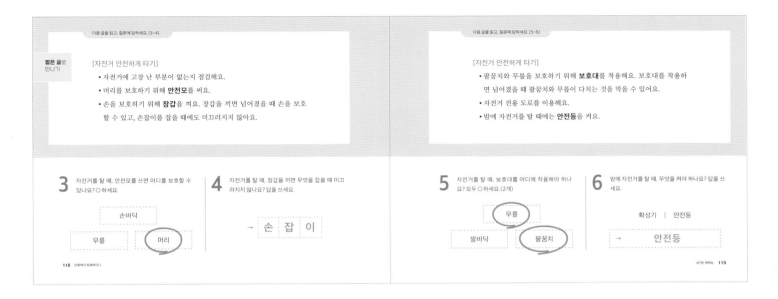

짧은 글로 만나기

[자전거 안전하게 타기]

• 자전거에 고장 난 부분이 없는지 점검해요.
• 머리를 보호하기 위해 **안전모**를 써요.
• 손을 보호하기 위해 **장갑**을 껴요. 장갑을 끼면 넘어졌을 때 손을 보호
 할 수 있고, 손잡이를 잡을 때에도 미끄러지지 않아요.

3 자전거를 탈 때, 안전모를 쓰면 어디를 보호할 수 있나요? ○하세요.

손바닥

무릎   머리

4 자전거를 탈 때, 장갑을 끼면 무엇을 잡을 때 미끄러지지 않나요? 답을 쓰세요.

→ 손 잡 이

118 어휘력이 독해력이다

[자전거 안전하게 타기]

• 팔꿈치와 무릎을 보호하기 위해 **보호대**를 착용해요. 보호대를 착용하
 면 넘어졌을 때 팔꿈치와 무릎이 다치는 것을 막을 수 있어요.
• 자전거 전용 도로를 이용해요.
• 밤에 자전거를 탈 때에는 **안전등**을 켜요.

5 자전거를 탈 때, 보호대를 어디에 착용해야 하나요? 모두 ○하세요. (2개)

무릎

발바닥   팔꿈치

6 밤에 자전거를 탈 때, 무엇을 켜야 하나요? 답을 쓰세요.

확성기 | 안전등

→   안전등

4단원 예제능 119

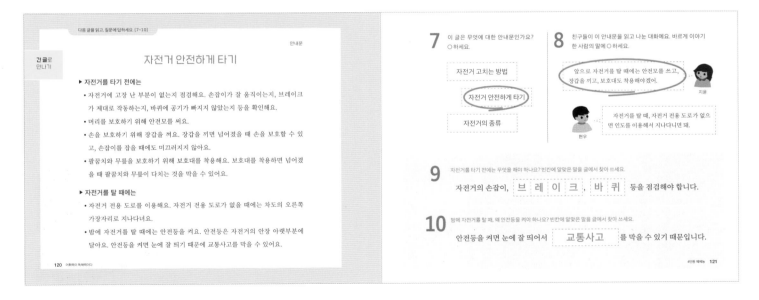

안내문

긴 글로 만나기

자전거 안전하게 타기

▶ **자전거를 타기 전에는**
• 자전거에 고장 난 부분이 없는지 점검해요. 손잡이가 잘 움직이는지, 브레이크
 가 제대로 작동하는지, 바퀴에 공기가 **빠지지** 않았는지 등을 확인해요.
• 머리를 보호하기 위해 안전모를 써요.
• 손을 보호하기 위해 장갑을 껴요. 장갑을 끼면 넘어졌을 때 손을 보호할 수 있
 고, 손잡이를 잡을 때에도 미끄러지지 않아요.
• 팔꿈치와 무릎을 보호하기 위해 보호대를 착용해요. 보호대를 착용하면 넘어졌
 을 때 팔꿈치와 무릎이 다치는 것을 막을 수 있어요.

▶ **자전거를 탈 때에는**
• 자전거 전용 도로를 이용해요. 자전거 전용 도로가 없을 때에는 차도의 오른쪽
 가장자리로 지나다녀요.
• 밤에 자전거를 탈 때에는 안전등을 켜요. 안전등은 자전거의 안장 아랫부분에
 달아요. 안전등을 켜면 눈에 잘 띄기 때문에 교통사고를 막을 수 있어요.

120 어휘력이 독해력이다

7 이 글은 무엇에 대한 안내문인가요? ○하세요.

자전거 고치는 방법

자전거 안전하게 타기

자전거의 종류

8 친구들이 이 안내문을 읽고 나눈 대화예요. 바르게 이야기한 사람의 말에 ○하세요.

앞으로 자전거를 탈 때에는 안전모를 쓰고, 장갑을 끼고, 보호대도 착용해야겠어.
지윤

자전거를 탈 때, 자전거 전용 도로가 없으면 인도를 이용해서 지나다니면 돼.
현우

9 자전거를 타기 전에는 무엇을 해야 하나요? 빈칸에 알맞은 말을 글에서 찾아 쓰세요.

자전거의 손잡이, 브 레 이 크 , 바 퀴 등을 점검해야 합니다.

10 밤에 자전거를 탈 때, 왜 안전등을 켜야 하나요? 빈칸에 알맞은 말을 글에서 찾아 쓰세요.

안전등을 켜면 눈에 잘 띄어서 교통사고 를 막을 수 있기 때문입니다.

4단원 예제능 121

05. 확인 학습 / 32~35쪽

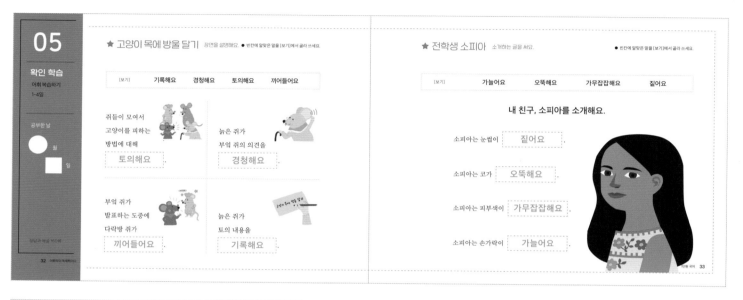

05

확인 학습
어휘 복습하기
1-4일

공부한 날
○ 월
□ 일

정답과 해설 160쪽

32 어휘력이 독해력이다

★ 고양이 목에 방울 달기 장면을 설명해요. ● 빈칸에 알맞은 말을 [보기]에서 골라 쓰세요.

[보기] 기록해요   경청해요   토의해요   끼어들어요

쥐들이 모여서
고양이를 피하는
방법에 대해
토의해요 .

늙은 쥐가
부엌 쥐의 의견을
경청해요 .

부엌 쥐가
발표하는 도중에
다락방 쥐가
끼어들어요 .

늙은 쥐가
토의 내용을
기록해요 .

★ 전학생 소피아 소개하는 글을 써요. ● 빈칸에 알맞은 말을 [보기]에서 골라 쓰세요.

[보기] 가늘어요   오뚝해요   가무잡잡해요   짙어요

내 친구, 소피아를 소개해요.

소피아는 눈썹이 **짙어요** .

소피아는 코가 **오뚝해요** .

소피아는 피부색이 **가무잡잡해요** .

소피아는 손가락이 **가늘어요** .

다름원 국어 33

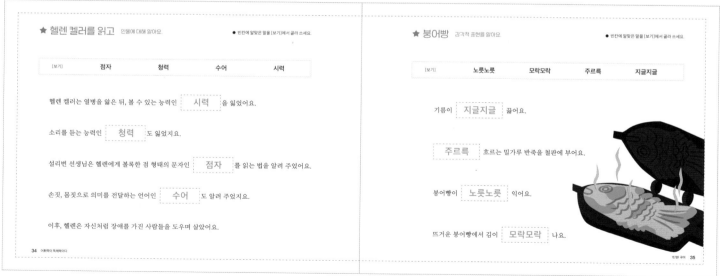

★ 헬렌 켈러를 읽고 인물에 대해 알아요. ● 빈칸에 알맞은 말을 [보기]에서 골라 쓰세요.

[보기] 점자   청력   수어   시력

헬렌 켈러는 열병을 앓은 뒤, 볼 수 있는 능력인 **시력** 을 잃었어요.

소리를 듣는 능력인 **청력** 도 잃었지요.

설리번 선생님은 헬렌에게 볼록한 점 형태의 문자인 **점자** 를 읽는 법을 알려 주었어요.

손짓, 몸짓으로 의미를 전달하는 언어인 **수어** 도 알려 주었지요.

이후, 헬렌은 자신처럼 장애를 가진 사람들을 도우며 살았어요.

34 어휘력이 독해력이다

★ 붕어빵 감각적 표현을 알아요. ● 빈칸에 알맞은 말을 [보기]에서 골라 쓰세요.

[보기] 노릇노릇   모락모락   주르륵   지글지글

기름이 **지글지글** 끓어요.

주르륵 흐르는 밀가루 반죽을 철판에 부어요.

붕어빵이 **노릇노릇** 익어요.

뜨거운 붕어빵에서 김이 **모락모락** 나요.

다름원 국어 35

10. 확인 학습 / 62~65쪽

10

확인 학습
어휘 복습하기
6-9일

공부한 날
○ 월
□ 일

정답과 해설 161쪽

★ 다양한 촌락의 모습 하는 일을 알아요.   ● 빈칸에 알맞은 말을 [보기]에서 골라 쓰세요.

[보기] 임업   어업   농업   목축업

농업
논과 밭에서 곡식, 채소를
기르는 일

어업
바다에서 물고기를 잡거나 기르고,
김, 미역 등을 기르는 일

임업
산에서 나무를 가꾸어 베거나
산나물을 캐는 일

목축업
가축을 많이 기르는 일

62 어휘마의 독해마이다

★ 특산물 박람회에 다녀와서 글을 요약해요.   ● 빈칸에 알맞은 말을 [보기]에서 골라 쓰세요.

[보기] 전단지   상표   광고   박람회

지역 특산물을 홍보하는 방법

❶ 상품의 판매, 홍보를 위한 행사인 박람회 를 열어요.

❷ 상품에 대한 정보를 사람들에게 알리기 위해 광고 를 해요.

❸ 특산물을 홍보하는 글이 담긴 전단지 를 나눠 주어요.

❹ 다른 상품과 구별하기 위해 사용하는 표지인 상표 를 개발해요.

2단원 사회와 도덕 63

★ 장애인 편의 시설을 늘립시다 글쓴이의 주장을 정리해요.   ● 빈칸에 알맞은 말을 [보기]에서 골라 쓰세요.

[보기] 점자 블록   자막   경사로   승강기

• 문제점
아파트에 장애인 편의 시설이 부족해서 장애가 있는 주민들이 불편을 겪고 있습니다.

• 해결 방안
첫째, 건물 입구에 경사로 를 설치합시다.

둘째, 장애인용 승강기 를 설치합시다.

셋째, 시각 장애인이 길을 찾을 수 있도록 점자 블록 을 설치합시다.

넷째, 안내 방송을 영상으로 바꾸고 자막 을 넣읍시다.

64 어휘마의 독해마이다

★ 태안 앞바다 살리기 이야기의 흐름을 살펴요.   ● 빈칸에 알맞은 말을 [보기]에서 골라 쓰세요.

[보기] 얼룩졌어요   충돌했어요   유출되었어요   제거했어요

태안 앞바다에서 유조선과 해상 기중기가 충돌했어요

유조선에 실려 있던 기름이 태안 앞바다로 유출되었어요

기름 때문에 태안 앞바다가 검게 얼룩졌어요

자원봉사자들이 태안 앞바다를 뒤덮은 기름을 제거했어요

2단원 사회와 도덕 65

15. 확인 학습 / 92~95쪽

15

확인 학습
어휘 복습하기
11~14일

공부한 날

월

일

92 어휘력이 독해력이다

★ 폼페이, 최후의 날 이야기를 살펴요.
● 빈칸에 알맞은 말을 [보기]에서 골라 쓰세요.

[보기] 화산 가스   용암   화산   화산재

베수비오산 정상에서 **화산** 이 폭발했어요.

새빨간 **용암** 이 산을 따라 흐르면서, 산불이 났어요.

화산 가스 가 발생해서 숨을 쉬기도 어려웠어요.

나무, 건물 등이 회색빛의 **화산재** 로 뒤덮였어요.

★ 지진이 발생했어요 지진에 대해 알아요.
● 빈칸에 알맞은 말을 [보기]에서 골라 쓰세요.

[보기] 기울어져요   대피해요   파손되어요   흔들려요

▶ 지진이 발생하면, 어떤 일이 생길까요?

도서관, 아파트 등 건물이 **흔들려요** .

길에 있는 전봇대가 **기울어져요** .

건물이 무너지면서 주차되어 있던 차, 오토바이가 **파손되어요** .

▶ 지진이 발생하면, 어떻게 행동해야 할까요?

건물 안에 있다면, 계단을 이용해서 건물 밖으로 나와요.

건물 밖에 있다면, 공원이나 운동장 같은 곳으로 **대피해요** .

3단원 과학과 수학 93

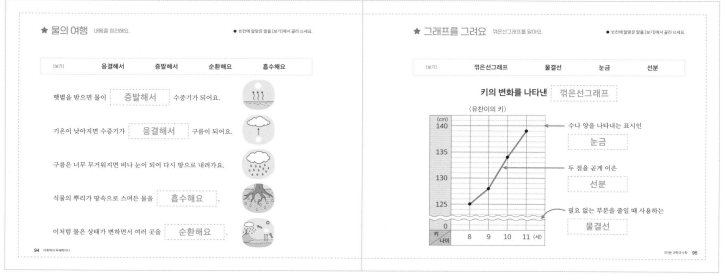

★ 물의 여행 내용을 정리해요.
● 빈칸에 알맞은 말을 [보기]에서 골라 쓰세요.

[보기] 응결해서   증발해서   순환해요   흡수해요

햇볕을 받으면 물이 **증발해서** 수증기가 되어요.

기온이 낮아지면 수증기가 **응결해서** 구름이 되어요.

구름은 너무 무거워지면 비나 눈이 되어 다시 땅으로 내려가요.

식물의 뿌리가 땅속으로 스며든 물을 **흡수해요** .

이처럼 물은 상태가 변하면서 여러 곳을 **순환해요** .

94 어휘력이 독해력이다

★ 그래프를 그려요 꺾은선그래프를 알아요.
● 빈칸에 알맞은 말을 [보기]에서 골라 쓰세요.

[보기] 꺾은선그래프   물결선   눈금   선분

키의 변화를 나타낸 꺾은선그래프

〈유찬이의 키〉

수나 양을 나타내는 표시인

눈금

두 점을 곧게 이은

선분

필요 없는 부분을 줄일 때 사용하는

물결선

3단원 과학과 수학 95

20. 확인 학습 / 122~125쪽

20
확인 학습
어휘 복습하기
16~19일

공부한 날
○ 월
□ 일

정답과 해설 163쪽

★ 미술 전시회 — 미술 작품을 알아보아요.
● 빈칸에 알맞은 말을 [보기]에서 골라 쓰세요.

[보기] 벽화   초상화   판화   콜라주

판화
판에 그림을 새기고 색을 칠한 뒤, 종이에 찍어 낸 그림

콜라주
사진, 종이 등 다양한 재료를 오려 붙여 만든 그림

벽화
건물이나 동굴 등의 벽에 그린 그림

초상화
사람의 얼굴을 중심으로 그린 그림

★ 판소리 — 내용을 정리해요.
● 빈칸에 알맞은 말을 [보기]에서 골라 쓰세요.

[보기] 고수   소리꾼   청중   판소리

우리나라의 전통 음악, **판소리**

노래를 부르는 **소리꾼**

장단에 맞춰 북을 치는 **고수**

음악을 듣기 위해 모인 **청중**

122 어휘마다 독해력이다
4단원 예체능 123

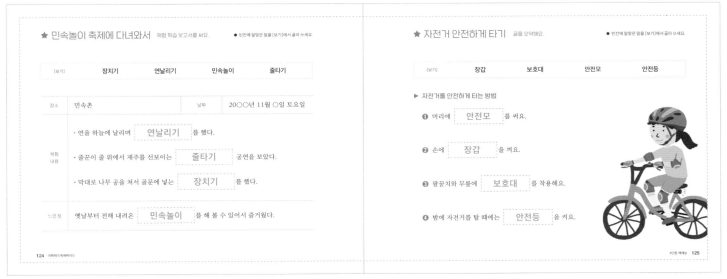

★ 민속놀이 축제에 다녀와서 — 체험 학습 보고서를 써요.
● 빈칸에 알맞은 말을 [보기]에서 골라 쓰세요.

[보기] 장치기   연날리기   민속놀이   줄타기

| 장소 | 민속촌 | 날짜 | 20○○년 11월 ○일 토요일 |

체험 내용
• 연을 하늘에 날리며 **연날리기** 를 했다.
• 줄꾼이 줄 위에서 재주를 선보이는 **줄타기** 공연을 보았다.
• 막대로 나무 공을 쳐서 골문에 넣는 **장치기** 를 했다.

느낀 점
옛날부터 전해 내려온 **민속놀이** 를 해 볼 수 있어서 즐거웠다.

★ 자전거 안전하게 타기 — 글을 요약해요.
● 빈칸에 알맞은 말을 [보기]에서 골라 쓰세요.

[보기] 장갑   보호대   안전모   안전등

▶ 자전거를 안전하게 타는 방법

❶ 머리에 **안전모** 를 써요.

❷ 손에 **장갑** 을 껴요.

❸ 팔꿈치와 무릎에 **보호대** 를 착용해요.

❹ 밤에 자전거를 탈 때에는 **안전등** 을 켜요.

124 어휘마다 독해력이다
4단원 예체능 125